TRY! トライ
JLPT 일본어 능력시험 N3

초중급 문법으로 입 트이는 일본어

저자 ABK(公益財団法人 アジア学生文化協会)

はじめに 머리말

この本は、日本語能力試験のN3に対応した文法の問題集で、ABK（公益財団法人 アジア学生文化協会）の30年の日本語教育の経験を生かして、学内で使いながら作られたものです。日本語を勉強している皆さんが、文法をきちんと整理して、日本語が上手に使えるようになることを願って作りました。

文法は「聞く・話す・読む・書く」の基礎になるものです。この本では次のプロセスで勉強が進められるように工夫しました。

1. 実際のコミュニケーションの中でその文法がどのように使われているかを知る。
2. 基本的な練習で使い慣れる。
3. まとめの問題で話を聞いたり日本語の文章を読んだりする運用練習をする。

まとめの問題は日本語能力試験の出題形式に合わせてありますので、試験を受ける皆さんは、この本1冊で文法対策と読解、聴解の試験の練習ができるようになっています。

「TRY!」という名前には、気軽にやってみようという意味と、ラグビーのトライのようにがんばったことが得点につながるという意味を込めました。皆さんがこの本で勉強して、日本語能力試験N3に合格し、さらに日本語を使って楽しく自己表現ができるようになりますよう、お祈りしています。

このシリーズはN5～N1まで、各レベルに合わせて5冊の本があります。この本が終わったら、ぜひ次のレベルに進んで、レベルアップを目指してください。

본 도서는 일본어능력시험 JLPT N3 수준의 문법 교재로, ABK (공익재단법인 아시아학생문화협회)의 30년간의 일본어 교육 경험을 바탕으로 교내에서 직접 사용해가며 제작한 책입니다. 일본어를 공부하고 있는 여러분들이 문법을 확실히 이해하고 일본어를 능숙하게 구사할 수 있게 되길 바라며 만들었습니다.

문법은 '듣기, 말하기, 읽기, 쓰기' 이 네 가지 파트가 기본 요소입니다. 본 책에서는 다음과 같은 순서로 학습이 이루어질 수 있도록 하였습니다.

1. 실제 커뮤니케이션 상황 속 문법이 어떠한 방식으로 사용되고 있는지 이해한다.
2. 기본적인 연습 과정을 거치며 문법 사용에 점차 익숙해진다.
3. 총정리 문제를 통해 대화를 듣거나 일본어 문장을 읽는 실전 연습을 한다.

총정리 문제는 일본어능력시험의 출제 형식에 따른 것으로, 시험을 치르는 여러분들이 본 도서만으로 문법, 독해, 청해 모든 파트를 대비할 수 있도록 하였습니다.

본 도서 「TRY!」의 명칭은 '가볍게 해 보자!'라는 의미로, 럭비 경기의 트라이(Try)처럼 최선을 다하면 좋은 결과로 이어진다는 의미를 담고 있습니다. 여러분이 이 책을 통해 JLPT N3에 합격하고, 나아가 즐겁게 일본어로 즐겁게 의사표현할 수 있기를 바랍니다.

본 도서의 시리즈는 총 5권으로 N5부터 N1까지 각 레벨에 맞춰 구성되어 있습니다. 이 책을 마치고 나면 꼭 다음 레벨의 책으로 넘어가 더욱 실력을 향상시켜 보세요.

2022年2月　著者一同
2022년 2월 저자 일동

この本をお使いになる皆さんへ
이 책을 사용하시는 여러분께

この本は、本冊、別冊「答え・スクリプト」と MP3 があります。
본 도서는 본책, 별책, 정답&스크립트, MP3로 구성되어 있습니다.

1. 本冊　본책

全部で 11 章に分かれており、それぞれ次のような構成になっています。
본 도서는 총 11장으로 나뉘어 있으며, 각각 다음과 같이 구성되어 있습니다.

各章の構成　각 장의 구성

1) できること　학습 목표

その章を学習すると、何ができるようになるかが書いてあります。
각 장을 학습하고 나면 무엇을 할 수 있게 되는지에 대해 알 수 있습니다.

2) 見本文　본문

その章で勉強する文法項目が、実際にどのように使われているかわかるような文章になっています。1 つの章が (1)(2) に分かれている場合、(1)(2) の見本文はストーリーがつながっています。勉強する文法項目は、すぐわかるように太字で書いてあります。
각 장에서 학습하는 핵심 문법이 실제로 어떻게 활용되는지에 대해 알 수 있습니다. 한 과가 (1), (2)로 나누어져 있는 경우가 있으며, 두 과에서 다루는 본문의 내용은 서로 연결되어 있습니다. 학습하는 핵심 문법은 한눈에 알아볼 수 있도록 굵은 글씨로 표기했습니다.

3) 文法項目　핵심 문법

その章で勉強する項目を順番に並べてあります。探すときに便利なように、1 章から 11 章まで通し番号になっています。それぞれの中には、使い方、接続、例文、補足説明、練習問題などがあります（くわしい内容は☞p.6）。
각 장에서 학습하는 핵심 문법을 순서대로 정렬했습니다. 1장에서 11장까지 연결되는 번호를 매겨 원하는 파트를 쉽게 찾아볼 수 있습니다. 각 핵심 문법에는 사용법, 접속 형태, 예문, 보충 설명, 연습문제 등이 포함되어 있습니다. (상세 내용 참조 ☞P. 6)

4) Check

各章の (1) の最後と (2) の最後に、簡単な練習問題があります。ここで、学習した文法項目がわかるかどうかチェックします。間違えたら、その項目のところに戻ってもう一度確認しましょう。
각 장 (1), (2)의 마지막 페이지에 간단한 연습문제가 있습니다. 학습한 핵심 문법을 잘 이해했는지 문제를 통해 체크해 봅시다. 오답일 경우, 그 문법의 파트로 돌아가 다시 한번 확인해 봅시다.

5) まとめの問題　총정리 문제

その章で勉強した文法を中心にした、文法、読解、聴解の問題です。日本語能力試験の出題形式に合わせた形になっていますから、文法項目の再確認をしながら、試験対策ができます。

각 장에서 학습한 문법을 중심으로 구성한 문법, 독해, 청해 문제입니다. 일본어능력시험의 출제 형식을 따랐으며, 학습한 문법 항목들을 재확인해가는 과정을 통해 실제 시험에 대비할 수 있습니다.

2. 別冊　별책

1) やってみよう!　Check　정답
2) まとめの問題　정답 & 스크립트

3. MP3

「見本文」と、「まとめの問題」の聴解問題の音声

본문, 총정리 문제 청해 파트 음성

※ 시원스쿨 홈페이지(japan.siwonschool.com)의 수강신청 탭 ➡ 교재/MP3에서 다운로드하실 수 있습니다.
　학습지원센터 탭 ➡ 공부 자료실에서도 다운로드하실 수 있습니다.

4. 語彙リスト　어휘 리스트

本冊で使われている言葉の「語彙リスト」があります。ダウンロードして使ってください。

본 책에서 쓰인 어휘를 모아둔 '어휘 리스트'가 있습니다. 다운로드하여 학습에 활용해 주세요.

※ 시원스쿨 홈페이지(japan.siwonschool.com)의 수강신청 탭 ➡ 교재/MP3에서 다운로드하실 수 있습니다.
　학습지원센터 탭 ➡ 공부 자료실에서도 다운로드하실 수 있습니다.

文法項目の中にあるもの 핵심 문법의 구성

◉ 별 마크

★★★

각 핵심 문법의 오른쪽 부분에 총 3단계의 별 마크(★)가 표시되어 있습니다. 별이 많을수록 보다 중요한 문법 항목을 나타냅니다.

◉ 상황별 아이콘

각 커뮤니케이션 상황에 맞춰 사용할 수 있는 표현을 이미지로 나타내어, 아이콘으로 표시해 두었습니다.

 친구나 가족 등 친한 사람과 대화할 때 쓰는 표현입니다.

 다소 형식적인 표현으로 친구나 가족 등 친한 사람과 대화할 땐 쓰지 않는 표현입니다.

 손윗사람이나 처음 만난 사람과 대화할 때, 혹은 점원이 손님에게 쓰는 표현입니다.

 후회나 유감을 나타낼 때, 혹은 상대방을 비판할 때 쓰는 표현입니다.

1. どう使う？

1) 문법 설명

각 문법의 쓰임과 활용에 대해 알 수 있습니다. 무엇을 전달할 때 쓰는지, 어떠한 뉘앙스가 담긴 표현인지 알 수 있습니다.

2) 접속 형태 설명

접속하는 품사의 형태를 기호로 나타냈습니다.

예 : Ｎ ＋ で

특별한 어휘나 표현을 확인할 수 있는 표가 있습니다.
＊는 접속 시 유의해야 할 사항을 표시해 두었습니다.

3) 예문

①, ②와 같이 번호가 매겨져 있습니다. 예문은 일상생활에서 자주 쓰이는 것으로 선정했습니다.
또한, 보다 쉽게 이해할 수 있도록 일부 예문에 일러스트를 추가했습니다. 🔗 아이콘은 관용적으로 사용되는 표현을 나타냅니다.

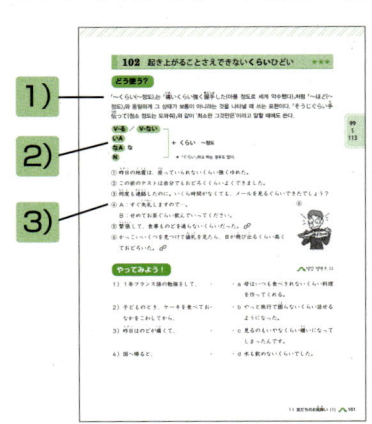

2. やってみよう!

핵심 문법을 확인할 수 있는 연습 문제입니다.

どう使う? 와 예문에서 배운 것을 잘 활용할 수 있는지 실제 문제를 풀며 체크해 보세요.

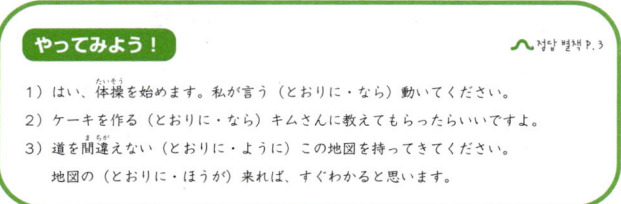

3. 학습 Tip

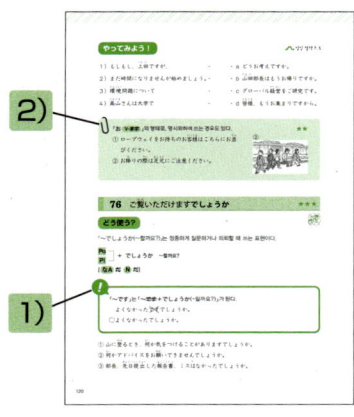   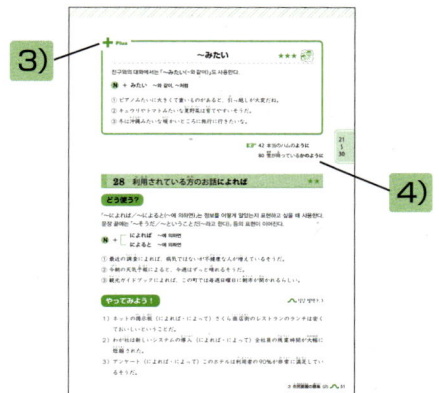

1) 주의 사항

문법 활용 시 주의 사항이 표기되어 있습니다.

2) 추가 설명

다른 문형과의 차이점이나 추가 설명이 덧붙여져 있습니다.

3) 비슷한 문형

비슷한 문형이나 함께 알아 둘 필요가 있는 문형이 표기되어 있습니다.

4) 관련 문형

☞ 연관된 핵심 문법의 번호를 표시한 기호입니다.

이 책을 사용하시는 여러분께　7

品詞と活用形のマーク 품사와 활용형 기호

1) 품사

품사	기호	예
명사	N	えんぴつ、日本語、病気
い형용사	いA	大きい、小さい、おいしい
な형용사	なA	元気、便利、しずか
동사	V	行く、食べる、勉強する

2) 동사의 활용형

활용형	기호	예
ます형	V-ます	行きます
사전형	V-る	行く
て형	V-て	行って
た형	V-た	行った
ない형	V-ない	行かない
동사의 보통형	V-PI	行く・行かない・行った・行かなかった
가능형	V-できる	行ける
수동형	V-られる	行かれる
사역형	V-させる	行かせる
의지형	V-よう	行こう
가정형	V-ば	行けば

3) 보통형・정중형

PI 보통형(반말체)

동사	行く 行かない 行った 行かなかった	い형용사	大きい 大きくない 大きかった 大きくなかった
な형용사	元気だ 元気じゃない／元気ではない 元気だった 元気じゃなかった 　／元気ではなかった	명사	病気だ 病気じゃない／病気ではない 病気だった 病気じゃなかった 　／病気ではなかった

Po 정중형

동사	行きます 行きません 行きました 行きませんでした	い형용사	大きいです 大きくないです／大きくありません 大きかったです 大きくなかったです 　／大きくありませんでした
な형용사	元気です 元気じゃないです * 　／元気じゃありません * 元気でした 元気じゃなかったです * 　／元気じゃありませんでした *	명사	病気です 病気じゃないです * 　／病気じゃありません * 病気でした 病気じゃなかったです * 　／病気じゃありませんでした *

接続の示し方 접속 형태 표시

각 문법의 접속 형태는 다음과 같이 표기되어 있습니다.
예)

V-て ＋ ください	食べてください
V-ます ＋ たい	会いたい
V-ない ＋ ないでください	行かないでください
いA く	大きく
なA な	しずかな
なA に	しずかに
Pl ＋ んです [なA だな　N だな]	行くんです　　　　行かないんです 行ったんです　　　行かなかったんです 大きいんです　　　大きくないんです 大きかったんです　大きくなかったんです 元気なんです　　　元気じゃないんです* 元気だったんです　元気じゃなかったんです* 病気なんです　　　病気じゃないんです* 病気だったんです　病気じゃなかったんです*
Pl ＋ ら [과거형만]	行ったら　　　　行かなかったら 大きかったら　　大きくなかったら 元気だったら　　元気じゃなかったら* 病気だったら　　病気じゃなかったら*

* 논문 등의 딱딱한 문장을 쓰거나 정중하게 말할 때는 な형용사・명사의 「じゃ」대신 「では」를 사용한다.

この本をお使いになる先生方へ
이 책을 활용하시는 선생님께

この本をお使いくださり、ありがとうございます。本書の目指すところは、日常生活の様々な場面で、具体的に日本語がどのように使われているかを目で見て、感じて、それを踏まえて文法を学ぶことです。それによって、会話やスピーチ、読解の中で使われている文法項目に自然になじみ、日本語能力試験への対応も、スムーズに進むと思います。さらに発話や作文などの自己表現にも応用できるようになると信じています。

近年、インターネットの普及に伴って、海外の学習者も生の日本語に直に触れる機会が増え、自然な日本語の習得に一役買っていることは確かです。運用を重視するという日本語教育の流れの中で、文法の位置づけも変わってきているように思います。

しかし、基礎の枠組みとしての文法をきちんと把握することは、日本語の運用にとって非常に重要です。また、相手との位置関係、使用場面にふさわしい日本語を意識することもとても大切だと考えます。

以上の点から、本書の見本文では下の表のような多様なタイプの設定をしました。その中でも語彙については生活上汎用性のあるもの、使用頻度の高いものを使うようにしています。

章	タイトル	見本文のタイプ
1	初めての富士登山	作文
2	ぼくの犬、クロ	ブログ
3	市民農園の募集	お知らせ
4	水泳大会	親しい人との会話
5	手作りハムのレシピ	料理のレシピ
6	里山について	スピーチ
7	不動産屋で	店員との会話・親しい人との会話
8	就職の面接	面接での会話
9	お花見	エッセー
10	ゆきの選択	親しい人との会話
11	友だちのお見舞い	親しい人との会話

本校での実践の中でも見本文の効果は大きく、ことさら説明をしなくても、イメージで感じ取ってもらえると言われています。本書を使ってご指導される先生方にも、ぜひ学習者の方とともに見本文のストーリーを感じていただきたく存じます。

本書につきまして、何かご意見などございましたら、どうぞお寄せくださいますよう、お願い申し上げます。

もくじ 목차

はじめに	머리말	3
この本をお使いになる皆さんへ	이 책을 사용하시는 여러분께	4
この本をお使いになる先生方へ	이 책을 활용하시는 선생님께	10

1 初めての富士登山（1）　　첫 후지산 등반(1)

1	登り始めた　➕Plus ～終わる	16
2	持っていくように言われた	17
3	病気になる人もいるということ	18
4	大丈夫だろうと思った	19
5	大変じゃなさそうだった	20

1 初めての富士登山（2）　　첫 후지산 등반(2)

6	登ってみると　➕Plus ～たら	22
7	立っているのもつらいほど	23
8	どんどん登っていく　➕Plus ～てくる	24
9	登り続けた	25
10	上まで行きたいなら	26
	まとめの問題	28

2 ぼくの犬、クロ（1）　　내 강아지, 쿠로(1)

11	クロって名前	31
12	飼わせてもらった	32
13	約束させられた	32
14	散歩に行きたがって	33
15	玄関を出たとたん	34
16	全速力で走り出す	35

2 ぼくの犬、クロ（2）　　내 강아지, 쿠로(2)

17	帰ろうとする	37
18	コンビニに寄ることもある	38
19	待たせておいて	39
20	顔中なめられてしまう	39
	まとめの問題	41

3 市民農園の募集（1）　　　시민농원의 모집(1)

21	インターネットによるお申し込み	45
22	100区画の募集に対して	45
23	希望者が多いため	46
24	1家族につき1区画	47
25	下記のとおりです	47

3 市民農園の募集（2）　　　시민농원의 모집(2)

26	野菜作りを通して	49
27	パーティーのような楽しいイベント ＋Plus ～みたい	50
28	利用されている方のお話によれば	51
29	楽しかったということです	52
30	農園の活動について詳しいことは	52

　　まとめの問題　　　　　　　　　　　　　　　　　54

4 水泳大会（1）　　　수영 대회(1)

31	毎日練習してるんだ	57
32	応援に行かなきゃ。	59
33	出るんだっけ	60
34	優勝したりして？	61

4 水泳大会（2）　　　수영 대회(2)

35	がんばったって	62
36	無理に決まってるよ	63
37	行かなきゃだめじゃない ＋Plus ～じゃん	64
38	強い選手って	65
39	大変みたいだね	66
40	やっておけばよかった	67
41	遊んでばかりだった	68

　　まとめの問題　　　　　　　　　　　　　　　　　70

5 手作りハムのレシピ（1）　　　수제 햄 레시피(1)

42	本当のハムのように ＋Plus ～みたい	72
43	サンドイッチはもちろん、ほかの料理にも	74
44	もも肉ほどあぶらが多くない	74
45	はちみつのかわりに	75

5 手作りハムのレシピ（2）　　수제 햄 레시피(2)

46	とりむね肉を切ら**ずに**	78
47	ビニール袋に入れた**まま**	78
48	ボウルに**入れ、**	79
49	ふっとうした**ところへ**	80
50	２、３日で食べ**きってください**	81

　まとめの問題　　　　　　　　　　　　　　　83

6 里山について（1）　　마을 숲에 대하여(1)

51	自然の**おかげで**	86
52	四季**を通じて**	87
53	守りたいと思い**ませんか**	88
54	自然保護**というと**	89
55	そのまま残す**べき**だ	90
56	人**にとって**いい環境	91

6 里山について（2）　　마을 숲에 대하여(2)

57	木が育てば育つ**ほど**	93
58	大雨**による**山崩れ	94
59	田舎**ばかりでなく**東京にも　＋Plus 〜ばかりか	95
60	里山へ行く**たびに**	96
61	すばらしさがわかる**はずです**	97

　まとめの問題　　　　　　　　　　　　　　　99

7 不動産屋で（1）　　부동산에서(1)

62	そのご予算**ですと**	102
63	お時間がある**ようなら**	103
64	人気が出**てきたんです**	104
65	借りたい人が増えている**ものですから**	105
66	こちら**なんか**いかがですか	106
67	便利**かと思いますが**	106

7 不動産屋で（2）　　부동산에서(2)

68	住んでいる**うちに**慣れる	108
69	卒業した**ばかり**なんだから	109
70	見れ**ばいいのに**	110
71	見せ**てもらってもいいですか**	111

| まとめの問題 | 113 |

8 就職の面接　　　취업 면접

72	ご紹介いただきました	117
73	お待ちしてました	117
74	来日前から存じ上げており	118
75	作品はお持ちですか	119
76	ご覧いただけますでしょうか	120
77	専門家でいらっしゃる	121
78	始めさせていただきます	122
まとめの問題		124

9 お花見（1）　　　벚꽃 구경(1)

79	花が咲いてからでなければ	127
80	雪が降っているかのように	128
81	花が残っているうちに	129
82	花見客向けに　＋Plus ～向き	129
83	人によってその楽しみ方はそれぞれだ	130

9 お花見（2）　　　벚꽃 구경(2)

84	仕事の最中に	133
85	やりかけの仕事	134
86	行かずにはいられなくなって　＋Plus ～ないではいられない	135
まとめの問題		137

10 ゆきの選択（1）　　　유키의 선택(1)

87	できるわけがない　＋Plus ～はずがない	140
88	この仕事しかない　＋Plus ～ほか(は)ない	142
89	心配しているからこそ	143
90	演劇なんかしても　＋Plus ～なんて	143
91	生活できっこない	144
92	大学を出たからといって	145
93	就職できるとは限らない	146

10 ゆきの選択（2）　　　유키의 선택(2)

94	がんこなことといったら	149
95	何も知らないくせに	149
96	子どもっぽい夢	150

97	お父さんのせいですよ	151
98	ゆきのことだから	152
まとめの問題		154

11 友だちのお見舞い（1） 　　친구 병문안(1)

99	風邪気味で	158
100	寝てなんかいられない	158
101	起き上がることさえできない	160
102	起き上がることさえできないくらいひどい	161
103	服も脱ぎっぱなし	162
104	ごみだらけだし	162
105	弱気になったりして	163
106	ゆきらしくないなあ	164

11 友だちのお見舞い（2） 　　친구 병문안(2)

107	お母さんかと思った	167
108	アイスクリームとかみかんとか	168
109	買い物のついでに	169
110	何かあったに違いない　➕Plus ～に相違ない	169
111	これほどつらい風邪はひいたことないよ	170
112	ゆきぬきではできない	171
113	練習したくてしょうがない　➕Plus ～てしかたがない／～てたまらない	171
まとめの問題		174

문형 색인 ... 178
유사 문형 리스트 ... 182
N3 Can Do List ... 186

별책
정답 & 스크립트

1 初めての富士登山 (1)
첫 후지산 등반 (1)

できること

● 여행 등 처음 경험한 일에 대한 체험담이나 느낀 점을 말할 수 있다.

　先週の日曜日、リンさんと富士山に登った。途中までバスで行って、そこから登り**始めた**。登る前に水を買った店で、酸素缶も持っていく**ように言われた**。山の上は空気が少ないから、必要になるかもしれないそうだ。空気が薄いと病気になる人もいる**という**ことを思い出したが、富士山は小学生でも登れると聞いたので、大丈夫**だろうと思った**。だから買わなかった。
　私は登山をしたことはないが、富士山は険しい山じゃないし、それほど大変じゃ**なさそうだった**。

1　登り始めた　★★★

どう使う?

「~始める(~하기 시작하다)」는 시간이 걸리는 동작이나 자연 현상 등이 시작됨을 나타낸다.

V-ます ＋ 始める　~하기 시작하다

① 日本語を習い始めたのは半年前です。
② 桜の花が咲き始めましたね。

➕ Plus

～終わる ★★★

동작이 모두 끝난 상태라는 것을 확실하게 말할 때는 「～終わる(다~하다)」를 사용한다.

① その本、読み終わったら貸してもらえませんか。
② 晩ご飯を食べ終わってから、みんなでゲームをした。

やってみよう！

정답 별책 p.1

1)「いただきます」と言って、みんな一緒に食べ（始め・終わり）ました。
2) 作文を書き（始めた・終わった）人は出してください。
3) A：これ、借りてもいいですか。
　　B：ええ、どうぞ。使い（始めた・終わった）ら、元のところに戻してくださいね。

2　持っていくように言われた ★★

どう使う？

「～ように言う(~하도록 말하다)」는 「しろ／するな(~해/~하지 마)」「してください(~하세요)」「したほうがいい(~하는 편이 좋다)」 등과 같이 명령・금지・지시・조언의 내용을 전달할 때 사용한다.

V-る / V-ない ＋ ように言う　~하도록 말하다, ~하라고 말하다

＊「言う(말하다)」 대신 「注意する(주의하다)」「頼む(부탁하다)」「伝える(전달하다)」 등도 쓰인다.

① 先生に宿題を忘れないように注意された。
② 医者にお酒を飲まないように言われました。
③ お母さんからも勉強するように言ってください。
④ 私は佐藤さんに、会議の前に資料をコピーしておくように頼みました。

③

やってみよう！

정답 별책 P.1

例　先生に（　あとで部屋に来るように　）言われました。

1) 先生に（　　　　　　　　　　　　）注意されました。
2) 母に（　　　　　　　　　　　　　）頼まれました。
3) 母に（　　　　　　　　　　　　　）言われました。

3　病気になる人もいるということ　★★★

どう使う？

「〜という(〜と言う)」는「台風が来るというニュース(태풍이 온다는 뉴스)」와 같이「〜という＋명사」의 형태로 명사의 내용을 말할 때 사용한다.

PI ＋ という ＋ **N**　〜라고 하는, 〜라는

① 彼が有名な音楽家だということはあまり知られていない。
② 最近は大学を卒業しても就職が難しいという話を聞きました。
③ 背が伸びるということは、骨が伸びるということです。
④ 画面に「圏外」という文字が出たら、今電波が届かないところにいるということです。

やってみよう！

정답 별책 P.1

1) 先生から入学試験の日は学校が休みになるという ＿＿＿＿＿＿＿ があった。
2) 調査で、不景気でも消費者のニーズに合う商品は売れるという ＿＿＿＿＿＿＿ が出た。
3) リンさんが来月帰国するという ＿＿＿＿＿＿＿ は本当ですか。
4) ミリオンセラーというのは100万枚以上売れたという ＿＿＿＿＿＿＿ です。

| こと | 連絡 | うわさ | 結果 |

4　大丈夫だろうと思った　★★

どう使う？

「〜だろう(〜일 것이다, 〜겠지)」는 「〜でしょう(〜일 것입니다, 〜이지요)」의 보통형으로, 확실하게 단정지을 수 없지만 아마도 그러할 것이라고 예측한 내용을 다른 사람에게 전달할 때 사용한다.

PI ＋ だろうと思う　〜일 것이다, 〜일 거라고 생각한다
[なA だ　N だ]

① たぶんこの雨は1時間ぐらいでやむだろうと思います。
② 外国で一人暮らしをするのはきっとさびしいだろうと思う。
③ 沖縄は暑いだろうと思っていたが、毎日雨で寒くて泳げなかった。

やってみよう！

정답 별책 P.1

1) 今度の試験は難しいだろうと思っていたが　・　　・a だれにも会えなかった。
2) テレビ局へ行けば有名人に会えるだろうと・　　・b 2時間もかかってしまった。
　　思っていたのに
3) タクシーならすぐ着くだろうと思ったが　　・　　・c ちゃんと準備をしておいた
　　　　　　　　　　　　　　　　　　　　　　　　　ほうがいいよ。
4) やらなくても大丈夫だろうと思わないで　　・　　・d 意外に簡単だった。

5　大変じゃなさそうだった ★★★

どう使う？

「〜なさそうだ(〜하지 않을 것 같다)」는 무언가를 보고 느끼거나 예상하여 '〜이 아니다'라고 생각했을 때 사용하는 표현이다.

```
いA  く
なA  じゃ    ＋ なさそうだ  〜하지 않을 것 같다
N    じゃ
```

① このカレーはあまり辛くなさそうですね。
② この仕事はそんなに大変じゃなさそうだ。
③ A：この電子辞書、安いけどあまりかわいくないかなあ。
　　B：でも、性能は悪くなさそうよ。
④ A：Lサイズがあるかどうか、あの人に聞いてみようか。
　　B：でも、あの人はお店の人じゃなさそうよ。

やってみよう！

정답 별책 p.1

| 例 | この刺身、ちょっと古くて　__おいしくなさそう__　ね。 |

1) ちょっと熱があるんですが、_____ですから、大丈夫です。
2) 新しいアルバイトの人、おしゃべりが好きだし、遅刻するし、
　_____よ。
3) 相手のチームはそんなに_____だから、勝てると思う。

　まじめ　　インフルエンザ　　強い　　~~おいしい~~

　「増えそうだ(늘어날 것 같다)」와 같이 동사의 부정형은 「 V-ます ＋ そうもない／そうにない／そうにもない(〜할 것 같지 않다)」라고 말한다. ★★★
① こんな難しそうな本、1週間では読めそうもない。
② 忙しいので、しばらく残業は減りそうもない。

③ 安くなったら買おうと思ったが、これ以上安くなりそうにないから、あきらめた。
④ 荷物が多くて、かばんに全部入りそうにない。

④

やってみよう！

1) A：がんばって作ったんだから、全部食べてね。
   B：えー！ こんなにたくさん（食べ・食べられ）そうもないよ。
2) A：電車、まだ（来・来られ）そうもないね。
   B：雪だから、遅れるのはしょうがないよ。
3) 一人じゃ（運べ・運び）そうもないから、手伝ってくれる？

Check

1) 6時半になって、やっと東の空が明るくなり＿＿＿＿＿＿。
2) 先生に、夜一人で帰るときは気をつけて帰る＿＿＿＿＿＿。
3) 教師の仕事は授業の準備や宿題のチェックなどがあって、きっと大変＿＿＿＿＿＿。

| ように言われた　　始めた　　だろうと思う |

4) すみません。電車が遅れて、約束の時間に間に合い＿＿＿＿＿＿んです。
5) 彼女が初めて作ったケーキはあまりおいしく＿＿＿＿＿＿だった。
6) この町は昔、漁業が盛んだった＿＿＿＿＿＿話です。

| という　　なさそう　　そうもない |

初めての富士登山 (2)
첫 후지산 등반 (2)

できること

● 여행 등 처음 경험한 일에 대한 체험담이나 느낀 점을 말할 수 있다.

でも、登ってみる**と**、本当に大変だった。途中で立っているのもつらい**ほど**足が重くなった。もうやめたいと思ったが、前を見ると、どんどん登っ**ていく**リンさんが見えた。リンさんががんばっているのに、あきらめるのはくやしいから、私も登り**続けた**。

あとで聞いたら、リンさんも途中でやめようと思ったけど、私が後ろから登ってくるのが見えたからがんばったと言っていた。大変だったが、一番上まで行けて本当によかった。だから、もしこれから富士山に登る人がいたら、上まで行きたい**なら**、友だちと一緒に行くことをおすすめしたい。もちろん酸素缶も持っていったほうがいい。

でも、もう一度行きたいかと聞かれたら、もう二度とあんな大変なことはしたくないと答えるだろう。富士山は遠くから見るほうがずっといいと思う。

6　登ってみると　★★

どう使う？

「〜と、…(〜하니…)」는 지금까지 알아차리지 못한 것을 깨달았을 때 사용한다. 의외라고 생각한 일에 사용하는 경우가 많으며, 이미 '깨달은 일'이므로 문장 끝은 과거형이 되는 때가 많다.

V-る ＋ と　～하니

① 気がつくと、外はすっかり暗くなっていた。
② 待ち合わせの場所に着くと、友だちはもう来ていた。
③ 昔住んでいたところに行ってみると、大きいビルが建っていた。
④ 国から届いた荷物を開けると、大好きなお菓子が入っていた。

やってみよう！　　　　　　　　　　　　　　　　　　정답 별책 P.1

1) 冷蔵庫を開けると（ケーキがあった・ケーキを買ってきた）。
2) 日曜日、目が覚めると（12時に起きた・12時だった）。
3) 窓を開けると（雪が降っていた・雪が降った）。

＋ Plus

～たら ★★

「～たら(～했더니)」도 같은 의미로 사용한다.
① 屋上に上がったら、東京スカイツリーが見えた。
② 発車のベルが鳴っているので飛び乗ったら、反対方向の電車だった。
③ 就職試験の結果の連絡だと思って急いで電話に出たら、間違い電話だった。

7　立っているのもつらいほど　★★★

どう使う？

「～ほど…(～정도…)」는「歩けないほど強い風(걷지 못할 정도로 센 바람)」와 같이, 상태나 정도가 보통이 아니라는 것을 예를 들어 표현할 때에 사용한다.

V-る / **V-ない**
いA　　　　　＋ ほど　～정도, ~만큼
N

＊「 たい(～하고 싶다)」 뒤에 접속하여 사용하는 경우도 있다.

① 富士山に登って、下りてきたときは、もう一歩も歩けないほど疲れていた。
② あの双子は両親も間違えるほどよく似ている。

③ 年末は、猫の手も借りたいほど忙しくなる。
④ ランチタイムのレストランは、目が回るほど忙しい。
⑤ 今週中にやらなければならない仕事が山ほどある。

やってみよう！ 정답 별책 P.1

1) 昨日見学した工場は ＿＿＿＿＿＿＿＿＿＿ ほどうるさかった。
2) コメディー映画を見て、＿＿＿＿＿＿＿＿＿＿ ほど笑った。
3) これは ＿＿＿＿＿＿＿＿＿＿ ほど難しい問題だ。

| おなかが痛くなる　　専門家でも答えられない　　説明が聞こえない |

 44 もも肉ほどあぶらが多くない
57 木が育てば育つほど
111 これほどつらい風邪はひいたことないよ

8　どんどん登っていく ★★★

どう使う？

「〜ていく(〜해 가다)」는 「歩いていく(걸어가다)」와 같이 어떤 동작을 하면서 멀리 이동할 때나, 「買っていく(사 들고 가다)」처럼 어떤 동작을 하고 나서 다음 장소로 가는 것을 표현할 때 쓴다. 미래를 향해 계속해 가는 것을 말할 때에도 사용한다.

V-て ＋ いく　〜해 가다

① 冬になると渡り鳥は南のほうへ飛んでいく。
② A：もしもし、今からそっちへ行くけど、何か買っていこうか。
　　B：じゃ、ジュース買ってきて。
③ これからも日本語の勉強を続けていくつもりです。
④ これから、日本の会社でも外国人社員は増えていくと思います。

➕ Plus

～てくる ★★★

「～ていく(~해 가다)」와 반대로, 다가올 때는 「～てくる(~해 오다)」를 사용한다.
동작이나 변화가 과거부터 지금까지 계속되고 있는 것을 말하고자 할 때 사용한다.

① 申し込みのときに、身分証明書を持ってきてください。
② 棚から本が落ちてきて、おどろいた。
③ 日本人は昔から魚を食べてきました。
④ 私はこの町で4年間、環境調査を続けてきました。

やってみよう！

정답 별책 p.1

1) この会社で30年がんばって働いて（いった・きた）が、今日でこの仕事も終わりだ。
2) 来週のパーティーにどのくつをはいて（いったら・きたら）いいと思う？
3) 私たちの力で伝統文化を守って（いこう・こよう）と思っています。

☞ 64 人気が出てきたんです

9 登り続けた ★★★

どう使う？

「～続ける(계속 ~하다)」는 동작을 계속하거나 습관처럼 반복하는 것을 강조해서 말할 때 쓴다.

V-ます ＋ 続ける　계속 ～하다

① あの人は歯医者に1年以上通い続けているそうです。
② 犬のハチ公は、主人の帰りを待ち続けた。
③ この薬は途中でやめないで、1週間飲み続けてください。

やってみよう！

정답 별책 P.1

1) マラソンが好きなので、何歳になっても ＿＿＿＿＿ 続けるつもりです。
2) あのレストランは、伝統の味を ＿＿＿＿＿ 続けている。
3) パソコンの画面を ＿＿＿＿＿ 続けていたら、目が痛くなった。
4) 長い時間 ＿＿＿＿＿ 続けるより、少し休んだほうがいい仕事ができますよ。

| 見る　走る　働く　守る |

10　上まで行きたいなら　★★★

どう使う？

「～なら、…(～라면…)」는 「～の場合は(～의 경우에는)」처럼 범위를 한정해서 조언을 하거나 제안을 할 때 사용한다.

V-る (の)
N   ＋ なら　～라면

＊「ほしいなら(원한다면)・～たいなら(~하고 싶다면)」도 쓰인다.

① 台湾へ旅行に行くなら、１１月がいちばんいいと思いますよ。
② A：論文を書くので、いろいろ調べなければならないんです。
　 B：論文の資料なら、国会図書館にたくさんありますよ。
③ A：今度アメリカへ行くんです。
　 B：それなら、大きいかばんを貸しましょうか。
④ N3に合格したいなら、この本をよく勉強したほうがいいよ。

やってみよう！

정답 별책 P.2

例　テストが（終わったら・終わるなら）、出してください。

1) A：明日から出張で北海道に行ってきます。
　 B：北海道へ（行くなら・行ったら）、コートを持っていったほうがいいよ。４月でもまだ寒いから。

1)

2）A：新しいゲームソフトがほしいんですが…。

　　B：ゲームソフトを（買うなら・買えば）、駅前の店が安いですよ。

3）このボタンを（押すなら・押すと）お茶が出ます。

4）（急げば・急ぐなら）、次の電車に乗れますよ。

Check

1）1000円しか当たったことがないんですが、これからも宝くじを＿＿＿＿＿＿＿＿つもりです。

2）ごめん。ジュースを＿＿＿＿＿＿＿から、ちょっとここで待っていて。

3）友だちのうちへ行くときは、いつもケーキを＿＿＿＿＿＿＿ことにしています。

| 買い続ける　　買ってくる　　買っていく |

4）テレビをつける＿＿＿＿＿、ちょうど好きな歌手が歌うところだった。

5）留学する＿＿＿＿＿、行く前にその国の言葉を勉強したほうがいいですよ。

6）急に背中をたたかれて息が止まる＿＿＿＿＿おどろいた。

| なら　と　ほど |

まとめの問題

정답 별책 p.12

問題 1　<문법 형식 판단>

次の文の（　　）に入れるのに最もよいものを、1・2・3・4から一つえらびなさい。

1　あの2人はさっきから1時間以上話し（　　）いますね。
　1　始めて　　　2　終わって　　　3　続けて　　　4　休んで

2　先生に、休むときは必ず連絡する（　　）言われた。
　1　ように　　　2　らしい　　　3　かと　　　4　ほしい

3　残念だけど、忙しくて今日の飲み会、（　　）んだ。
　1　行けるかと思う　　　　　　2　行けるだろうと思う
　3　行けそうな　　　　　　　　4　行けそうにない

4　プレゼントの箱を（　　）、婚約指輪が入っていた。
　1　開けて　　　2　開けると　　　3　開けても　　　4　開ければ

5　妹は冬でも毎日（　　）、アイスクリームが好きです。
　1　食べると　　　2　食べ始める　　　3　食べるほど　　　4　食べるなら

6　最近ドラマの内容がわかるようになって（　　）、うれしい。
　1　きて　　　2　いって　　　3　始めて　　　4　続けて

7　テストのときは答えを（　　）、もう一度見て、チェックしてください。
　1　書き始めたら　　　　　　2　書き終わったら
　3　書いてきたら　　　　　　4　書いていったら

8　今週末、海へ泳ぎに行く予定ですが、天気があまり（　　）なので、心配しています。
　1　よくなさそう　　　　　　2　よさそう
　3　よくなかったそう　　　　4　よかったそう

問題2　<문장 완성>

次の文の___★___に入る最もよいものを、1・2・3・4から一つえらびなさい。

1　医者に_____ _____ ★ _____言われた。

　　1　たばこと　　2　やめる　　3　お酒を　　4　ように

2　ほしいものを安く_____ _____ ★ _____インターネットで値段を調べたほうがいいよ。

　　1　買う　　2　なら　　3　前に　　4　買いたい

3　友だちが来月_____ _____ ★ _____聞いて、びっくりした。

　　1　という　　2　辞める　　3　会社を　　4　話を

問題3　<글의 문법>

次の文章を読んで、文章全体の内容を考えて、1 ～ 4 の中に入る最もよいものを、1・2・3・4から一つ選びなさい。

　水族館でシロイルカの赤ちゃんが生まれたと聞いたので、友だちと見に行った。シロイルカは色が白いからシロイルカ 1 名前がついている。でも、赤ちゃんを 2 、白くなかったのでびっくりした。赤ちゃんのときはグレーで、だんだん白くなるのだと、係の人が説明してくれた。とてもかわいかった。私たちのほうへ 3 ので、うれしかった。写真を撮ろうとしたら、フラッシュを使わない 4 言われた。赤ちゃんがおどろいてしまうからだそうだ。いろいろな動物を大切に育てている係の人はとても大変だろうと思った。

1　1　という　　2　らしい　　3　ように　　4　なら

2　1　見れば　　2　見なければ　　3　見ると　　4　見ないと

3　1　泳いでいった　　2　泳いでいかなかった
　　3　泳いできた　　4　泳いでこなかった

| 4 | 1 ように　　2 という　　3 のに　　4 なら |

問題4　<청해>

1　この問題では、まず質問を聞いてください。それから話を聞いて、問題用紙の1から4の中から、最もよいものを一つえらんでください。

| 1 | 1 春　　2 夏　　3 秋　　4 冬 | 🔊 04 |

| 2 | 1 会議室の予約を取り直す　　2 ほかのメンバーに連絡する
3 会議室の予約を確認する　　4 部長に連絡する | 🔊 05 |

2　この問題では、問題用紙に何も印刷されていません。まず文を聞いてください。それから、その返事を聞いて、1から3の中から、最もよいものを一つえらんでください。

　　　　　1　2　3　　　　　　　　　　　　　　　　　🔊 06

2 ぼくの犬、クロ (1)

내 강아지, 쿠로 (1)

できること

● 반려동물이나 가족을 간단하게 소개하고, 자신과의 관계를 설명할 수 있다.

ぼくはいつも夜、クロを散歩に連れていく。クロを飼い始めたのは3年前だ。色が黒いから、クロって名前をつけた。
　最初、両親は犬を飼うことに反対だったが、何度も頼んで、やっと飼わ**せてもらった**。そのかわり、雨の日も風の日も毎日必ず散歩すると約束**させられた**。だからクロの散歩はぼくの日課だ。
　ぼくがうちに帰ると、クロは早く散歩に行きた**がって**「クーンクーン」と鳴く。ぼくがひもを持つと、ぼくのところへ来て、うれしそうにしっぽをふる。そして、ひもをつけて、玄関を出**たとたん**、クロは全速力で走り**出す**。

11　クロって名前　★

どう使う？

「～って(～라고 하는)」는 잘 모르는 사람이나 사물, 장소 등의 명칭을 말할 때 사용하는 「～という(～라고 하는)」의 회화체이다.

N₁ ＋ って N₂　～라고 하는, ～라는

① さっき、上田さんって人が訪ねてきましたよ。お知り合いですか。
② 花粉症って病気、アレルギーが原因なんだよね。

③ A：長野県の戸隠ってところ、知ってる？
　B：うん。最近人気だって聞いたよ。

👉 35 がんばったって
　　38 強い選手って

12　飼わせてもらった　★★★

どう使う？

「〜させてもらう(〜하게 해 주다)」는 자기가 하는 일에 대해 다른 사람에게 허가를 받을 때나, 허가해 준 것에 감사할 때 사용한다. 「〜させてくれる(〜하게 해 주다)」의 형태도 자주 쓰인다.

V-させる　て　＋　もらう　〜하게 해 주다
　　　　　　　　くれる　〜하게 해 주다

① この会社は自分の意見を自由に言わせてくれる。
② 高校生のとき、アルバイトをしたいと父に言ったが、させてもらえなかった。
③ 上司は何事も経験だと言って、私を海外研修に行かせてくれた。
④ ここに荷物を置かせてもらってもいいですか。

やってみよう！

 정답 별책 p.2

1) 子どものとき、ピアノを習いたかったので、母に頼んで（習って・習わせて）もらった。
2) スピーチの原稿を日本人の友だちに（直して・直させて）もらった。
3) 飲みに行ったときは、先輩たちがいつもお金を（払って・払わせて）くれた。
4) 危ないからと言って、両親はバイクの免許を（取って・取らせて）くれなかった。

👉 78 始めさせていただきます

13　約束させられた　★★

どう使う？

「〜させられる(억지로 〜하다, 어쩔 수 없이 〜하게 되다)」는 자신이 하고 싶지 않은 일을 다른 사람이 시켜서 해야만 할 때 사용한다.

V-させる　＋　られる　억지로 〜하다

◎ 동사의 사역 수동형

	V-る 사전형	V-させる 사역형	V-させる られる 사역 수동형
Ⅰ그룹	飲む 話す	飲ませる 話させる	飲まされる／飲ませられる 話させられる
Ⅱ그룹	食べる	食べさせる	食べさせられる
Ⅲ그룹	来る する	来させる させる	来させられる させられる

① 子どものときテストの成績が悪いと、父にトイレそうじをさせられた。

② 中学生のとき、先生にグラウンドを何周も走らされた。

③ 学生のとき、いつも先輩に飲み物を買いに行かされた。

やってみよう！

정답 별책 p.2

1) デートのとき、いつも彼女に（待たされる・待たせてもらう）。

2) 子どものときは野菜が嫌いだったが、母に（食べさせられた・食べさせてもらった）。

3) 先生にお願いして、先生の論文を（読まされた・読ませていただいた）。

4) 引っ越しの手伝いに行ったら、重い荷物をたくさん（運ばせてもらって・運ばされて）腰が痛くなってしまった。

14 散歩に行きたがって ★★

どう使う？

「〜がる(〜하고 싶어 하다)」는 3인칭의 기분, 희망, 신체적 감각을 나타낼 때 사용한다. 보통 자신의 기분을 나타낼 때는 쓰지 않는다.

いA ↩
なA　　　＋ がる　〜하고 싶어 하다
V-ます たい

① 彼は試合に負けてくやしがっている。
② わからない言葉があったら、面倒がらないですぐに調べなさい。
③ 妹は車をほしがっているが、父は絶対許さないと言っている。
④ 田中さんは人気スターのファッションを何でも真似したがる。
⑤ 寒い日は猫も外へ出たがらない。

やってみよう！

정답 별책 p.2

1）外食するとき、私はパスタやピザを（食べたがる・食べたい）のに、彼はいつも牛丼屋へ（行きたがる・行きたい）。

2）ベランダにハトが来たのでえさをあげたが、（こわがって・こわくて）近づいてこない。

3）（恥ずかしがらないで・恥ずかしくなくて）もっと大きい声で話してください。

> 「〜がり(〜을 잘 느끼는 사람)」의 예로는「暑がり(더위를 잘 타는 사람)・寒がり(추위를 잘 타는 사람)・こわがり(겁을 잘 내는 사람, 겁쟁이)」등이 있으며, '그렇게 잘 느끼는 사람'이라는 의미의 명사가 된다. ★★
> 私は寒がりだから、冬が苦手だ。

15　玄関を出たとたん ★★★

どう使う？

「〜たとたん…(〜하자마자…)」는 '〜한 다음에 바로 어떤 상황이 일어나는 것'을 설명할 때 사용한다.

V-た ＋ とたん（に）　〜하자마자

① 立ち上がったとたん、目の前が暗くなった。
② 彼女はさっきまで元気がなかったのに、ご飯を食べたとたん元気になった。
③ 彼は、相手が社長だと知ったとたん、急にていねいに話し始めた。

> ❗ 뒷부분에는 화자의 의지가 담긴 표현은 사용하지 않는다.
>
> 学校を出たとたん、私は走る~~つもり~~だ。

やってみよう！

📖 정답 별책 p.2

1) うちのレストランがテレビで紹介されたとたん、
   （テレビのその番組を見ていた・予約の電話がたくさんかかってきた）。
2) 試験が終わったとたん（家へ帰りましょう・教室がうるさくなった）。
3) 画像ファイルを開いたとたんに（フリーズしてしまった・コピーを保存した）。

16　全速力で走り出す ★★

どう使う？

「〜出す(〜하기 시작하다)」는 무언가가 갑자기 일어나거나 시작되었을 때 사용된다.

　V-ます　＋　出す　〜하기 시작하다

① さっきまで笑っていた赤ちゃんが急に泣き出した。
② 突然大雨が降り出し、人々はあわてて建物の中に入った。
③ 彼は短気で急に怒り出すから、付き合いにくい。

やってみよう！

정답 별책 p.2

1）医者に言われて　　　　　　　　・　　・a　観客はいっせいに駅に向かって歩き出した。

2）仕事に夢中だと思っていた娘が　・　　・b　私たちが乗った電車はゆっくり動き出した。

3）コンサートが終わると　　　　　・　　・c　急に結婚すると言い出した。

4）ベルが鳴って、ドアが閉まって　・　　・d　運動嫌いの父がスポーツクラブに通い出した。

Check

정답 별책 p.2

1）就職したら、父に頼んで、一人暮らしを ＿＿＿＿＿ つもりだ。

2）一人暮らしをしても、1週間に1回は必ずうちへ帰るように、父に約束 ＿＿＿＿＿。

3）高橋さんはいつも政治や経済などの難しい話を ＿＿＿＿＿ のでちょっと困る。

4）人気俳優が舞台に登場 ＿＿＿＿＿、観客はいっせいに彼のほうを見た。

5）いつもそうじしない息子が、急にそうじを ＿＿＿＿＿ ので、変だと思ったら、明日彼女が来るからだった。

| させられた　させてもらう　したがる　し出した　したとたん |

2 ぼくの犬、クロ (2)
내 강아지, 쿠로 (2)

できること

● 반려동물이나 나의 가족과의 생활에 대해 설명할 수 있다.

본문 해석 보기

🔊 08

11
～
20

　近くの公園を1周するのが、いつもの散歩コースだ。帰**ろうとする**といやがって動こうとしない。そんなときのために、いつもぼくのズボンのポケットには、クロが好きなクッキーが入れてある。クッキーを取り出すと、クロは喜んでぼくのところへ来る。

　ときどき、帰りにコンビニに寄る**こともある**。クロをコンビニの前で待た**せておいて**、買い物する。戻ってくると、クロは大喜びだ。ぼくは顔中なめ**られてしまう**。なめられるとくすぐったいが、クロは本当にかわいい。

17　帰ろうとする　★★★

どう使う？

「〜ようとする(〜하려고 하다)」는 '지금부터 〜하려고 생각하다, 〜하려고 노력하고 있다'는 의미로 사용된다. 「〜ようとしない(〜하려고 하지 않다)」는 상대가 하지 않는 것을 비판할 때 사용한다.

V-よう ＋ とする　〜하려고 하다

① 小さい子どもが道を渡ろうとしているよ。一人でどこへ行くのかな。
② 生まれたばかりの馬の赤ちゃんが、一生けんめい立とうとしている。

③ 昔の友だちの名前を思い出そうとしたが、どうしても思い出せない。

④ リンさんは試験が近いのに、ぜんぜん勉強しようとしない。

 동작을 하기 바로 직전의 상태에서 예상하지 않은 일이 일어났을 때에도 사용한다. ★★★
出かけようとしたら雨が降ってきた。

やってみよう！

정답 별책 p.2

1) レジでお金を払おうとしたら（クレジットカードを使った・財布がなかった）。
2) さっき紹介していただいた方のお名前、思い出そうとしても
   （教えてください・思い出せないんです）。
3) 地震のとき、急いで逃げようとして（転んでけがをした・ドアを開けてください）。
4) 寝ようとしたとき（宿題があったことを思い出した・宿題をする）。

18　コンビニに寄ることもある ★★★

どう使う？

「〜ことがある(〜하는 경우가 있다)」는 '때때로, 혹은 가끔 〜한다'라는 의미로 사용된다.

V-る ／ V-ない ＋ ことがある　〜하는 경우가 있다, 〜할 때가 있다
　　　　　　　　　 こともある　〜하는 경우도 있다, 〜할 때도 있다

① この地方では４月でも雪が降ることがある。
② 私の大学は横浜にもキャンパスがあって、ときどきそちらに行かなければならないことがあるんです。
③ ふだんはよく寝られるんですが、ストレスがたまって眠れないこともあります。
④ あの店の営業時間は５時までですが、昼過ぎに全部売れてしまうこともあります。

やってみよう！

1) 私はたいてい、うちでご飯を（食べます・食べることがあります）。
2) 図書館は、本の整理のために休館日以外も
   （閉まっている・閉まっていることがある）ので、気をつけてください。
3) 疲れていると、目覚まし時計が鳴っても、（起きられる・起きられない）ことがある。
4) いつも駅まで歩いて行くが、たまに自転車で（行く・行かない）こともある。

19　待たせておいて

どう使う？

「～させておく(～하게 해 두다)」는 상대에게 그 동작을 계속하도록 지시할 때 사용한다. 그리고 상대의 행동을 바꾸거나 그만두게 하지 않고, 그대로 내버려 둔다는 의미를 나타내기도 한다. 자신보다 아랫사람이나 동물에게 사용하는 경우가 많다.

V-させる　て ＋ おく　～하게 해 두다

① 夏に車の中で子どもを待たせておくのは危険ですよ。
② 家事をしている間、子どもをおもちゃで遊ばせておく。
③ 息子は何を言っても聞かないので、自分のしたいことを勝手にさせておくことにした。

20　顔中なめられてしまう

どう使う？

「～られてしまう(～당해 버리다)」는 다른 사람이 한 행동에 대해 난처하거나 유감이라고 느꼈을 때 사용한다.

V-られる　て ＋ しまう　～당해 버리다

① 片思いの彼を映画に誘ったが、断られてしまった。

② あとで食べようと思っていたケーキを妹に食べられてしまった。
③ ハイキングをしていたら、はちに刺されてしまった。
④ 言葉が足りないと、誤解されてしまうことがある。

やってみよう！

정답 별책 P.3

1) ライバルのB社に ・　　　　・a 大雨に降られてしまった。

2) 試験の成績が悪かったので、・　　　・b わが社の新製品の企画を知られてしまった。

3) バーゲン会場でほしいと思ったバッグを ・　　　　・c 先生にもっと勉強するように言われてしまった。

4) 昨日、帰る途中で ・　　　　・d ほかの人に取られてしまった。

Check

정답 별책 P.3

1) 弟は部屋が汚くてもそうじ ＿＿＿＿＿＿。

2) 人間だから失敗 ＿＿＿＿＿＿ よ。また今度がんばればいいよ。元気出して。

3) 友だちとけんかした翌日、「おはよう」と言ったが、無視 ＿＿＿＿＿＿。

| しようとしない　　することもある　　されてしまった |

まとめの問題

問題1 <문법 형식 판단>

次の文の（　　）に入れるのに最もよいものを、1・2・3・4から一つえらびなさい。

1　このバスは安全のため急停車（きゅうていしゃ）（　　）のでご注意ください。

　　1　しようとします　　　　　　2　することがあります
　　3　していることがあります　　4　させてもらいます

2　A：かわいいウサギですね。写真を（　　）いいですか。
　　B：ええ、どうぞ。名前はピョンちゃんって言うんです。

　　1　撮（と）らせてくれても　　2　撮（と）らせてもらっても
　　3　撮（と）られても　　　　　4　撮（と）られてしまっても

3　仕事が終わってうちへ（　　）、部長に新しい仕事を頼（たの）まれた。

　　1　帰ろうとしたら　　　2　帰りたがったら
　　3　帰らせたら　　　　　4　帰ったとたん

4　空港（くうこう）でだれかにスーツケースを（　　）しまって、困（こま）ったことがある。

　　1　間違（まちが）えて　　　　2　間違（まちが）えさせて
　　3　間違（まちが）えられて　　4　間違（まちが）えさせられて

5　私は（　　）なので、いつもくつ下を2枚（まい）はいています。

　　1　暑がり　　2　寒がり　　3　痛（いた）がり　　4　こわがり

6　家族で食事しているときでも携帯（けいたい）メールを（　　）子どもが増（ふ）えているそうです。

　　1　しようとしない　　2　させておく
　　3　やめさせない　　　4　やめようとしない

| 7 | サッカーの練習のときにコーチに毎回ランニングを(　　)、大変でしたが、だんだん慣れて速く走れるようになりました。

  1　させられて 2　されて 3　させて 4　させようとして

| 8 | 散歩から帰ってきた(　　)、大つぶの雨が降り始めた。

  1　ように 2　なら 3　とたん 4　ほど

問題2　<문장 완성>

次の文の　★　に入る最もよいものを、1・2・3・4から一つえらびなさい。

| 1 | パックの牛乳は横を強く＿＿＿　＿＿＿　★　＿＿＿ので気をつけてください。

  1　ことがある 2　持つと 3　こぼれる 4　中身が

| 2 | 仕事中に頭痛が＿＿＿　＿＿＿　★　＿＿＿、病院へ行った。

  1　もらって 2　早退させて 3　ので 4　ひどくなった

| 3 | 友だちが＿＿＿　＿＿＿　★　＿＿＿から、びっくりした。

  1　見た 2　メールを 3　とたん 4　泣き出した

問題3　<글의 문법>

次の文章を読んで、文章全体の内容を考えて、| 1 |～| 4 |の中に入る最もよいものを、1・2・3・4から一つ選びなさい。

  うちの子は遊園地が大好きだ。今週も| 1 |から、連れていくことにした。「連れていって！」と| 2 |と、なかなかいやとは言えない。
  遊園地に入った| 3 |、娘はうれしそうに好きな乗り物に向かって走り出した。その後も次々といろいろなものに乗りたがるので大変だった。ぼくは疲れてしまってメリーゴーラウンドには一人で乗ってもらおうとしたが、結局、一緒に| 4 |。
  でも、娘のうれしそうな様子を見ていたら、ぼくも何だかうれしくなって、来てよかったと思った。

1	1 行った	2 行きたかった
	3 行ったばかりだ	4 行きたがった

2	1 頼(たの)まれてもらう	2 頼(たの)まれてしまう
	3 頼(たの)んでしまう	4 頼(たの)んでもらう

3	1 ばかりで	2 そうで	3 とたん	4 らしい

4	1 乗らされた	2 乗らせてもらった
	3 乗られた	4 乗られてしまった

問題4 <청해>

この問題(もんだい)では、まず質問(しつもん)を聞(き)いてください。そのあと、問題用紙(もんだいようし)を見(み)てください。読(よ)む時間(じかん)があります。それから話(はなし)を聞(き)いて、問題用紙(もんだいようし)の1から4の中(なか)から、最(もっと)もよいものを一(ひと)つえらんでください。

1	1 卵(たまご)を持(も)っていたから	🔊 09
	2 卵(たまご)を買(か)いに行(い)きたかったから	
	3 卵(たまご)を2つ買(か)ってきたから	
	4 卵(たまご)を買(か)ってくるように頼(たの)まれたから	

2	1 課長(かちょう)に注意(ちゅうい)されたから	🔊 10
	2 課長(かちょう)の話(はなし)を聞(き)かなければならなかったから	
	3 課長(かちょう)にお酒(さけ)をたくさん飲(の)まされたから	
	4 お酒(さけ)が高(たか)かったから	

3	1 ピアノ	2 バレエ	🔊 11
	3 お茶(ちゃ)	4 水泳(すいえい)	

3 市民農園の募集（1）

시민농원의 모집 (1)

できること

● 참가자 모집 공고를 보고, 신청 방법 등의 내용을 이해할 수 있다.

본문 해석 보기

🔊 12

都会の真ん中で野菜作り！

　本年度も市民農園の利用者の募集を開始します。ご希望の方は２月末日までにお申し込みください。インターネット**による**お申し込みも受け付けます。昨年は100区画の募集**に対して**、約120名のご応募がありました。希望者が多い**ため**、定員を超えた場合は初めての方を優先いたします。また、１家族**につき**１区画に限定させていただきます。申し込み、お問い合わせ、しめ切りなどは下記の**とおり**です。

　皆様のご応募をお待ちしております。

募集区画：100区画
利用料金：年１万円
しめ切り：２月末日
申し込み・問い合わせ：市役所生活課
012-345-6789　内線110　FAX 012-345-6780
shimin@abk.co.jp　http://www.abk-try/shimin-noen/

21　インターネットによるお申し込み ★★

どう使う?

「〜による(〜에 의한)／〜によって(〜에 의해)」는 어떤 일을 할 때의 수단이나 방법을 나타낸다.

N ＋ によって　〜에 의해
　　　による ＋ N　〜에 의한

① 大学はアンケートによる満足度調査の結果を発表した。
② 経営学理論の講義は試験を行わず、レポートによる評価を行う。
③ オリンピックの開催地はIOCの委員の投票によって決めることになっている。
④ わが社は社内の公用語を英語にすることによって、国際化を目指している。

やってみよう!

정답 별책 P.3

1) このかばんは通信販売（によって・による）売り上げが全体の80％を占めている。
2) 占い（によって・による）自分の将来を決めるのはあまりよくないと思う。
3) マラソン大会はたくさんの人々の協力（によって・による）無事に終了した。

☞ 58　大雨による山崩れ
　　83　人によってその楽しみ方はそれぞれだ

22　100区画の募集に対して ★★★

どう使う?

「〜に対して(〜에 대해서)」는 어떤 행위나 감정을 표현하는 상대나 대상을 말할 때 사용하며, '친절하다, 실례하다' 등의 행위나 태도를 나타내는 표현이 이어진다. 의견·문제·요구에 응하거나 반대할 때에도 사용한다.

N ＋ に対して（は／も）　〜에 대해서(는/도)、〜에게
　　　に対し　〜에 대해
　　　に対する ＋ N　〜에 대한

① 彼女はだれに対しても親切です。
② 目上の人に対しては敬語を使いましょう。

③ 私費留学生に対する奨学金などの援助はまだ十分ではないと思う。
④ この病気に対する効果的な治療法はまだ見つかっていない。

やってみよう！

정답 별책 P.3

1）社員の要求（に対して・に対する）会社側からは何の回答もなかった。
2）子ども（に対して・に対する）親の愛情はいつの時代でも変わらない。
3）A市では、町の開発計画（に対して・に対する）住民から不満が出ているそうだ。

23　希望者が多いため ★★★

どう使う？

「〜ため(に)(〜때문에)」는 〜이 원인, 이유임을 나타낼 때 사용한다.

PI ＋ ため（に）　〜때문에
[なA だな　N だの]

① 雨のためにハイキングは中止になりました。
② 外国人観光客が増えたため、外国語のパンフレットを作ることになった。
③ 事故のため、電車が遅れております。
④ 理由：ABK大学受験のため

! 문장 끝에「〜たい(〜하고 싶다)・〜つもりだ(〜할 생각이다)」와 같이 화자의 의지가 담긴 표현은 사용하지 않는다.

やってみよう！

정답 별책 P.3

1) 私が乗った新幹線は信号故障のため、　　・
2) 今年の夏は暑かったために、　　　　　　・
3) 大型ショッピングセンターができたために、・
4) 石油の値段が上がったため、　　　　　　・

・a　ビールがよく売れた。
・b　1時間以上遅れた。
・c　来月から飛行機代も値上がりするらしい。
・d　近くの道路が渋滞するようになった。

24　1家族につき1区画

どう使う？

「〜につき…(〜当…)」は「使用料は1時間につき1000円(사용료는 1시간당 1000엔)」처럼 단위당 수가 몇인지 나타낼 때 사용한다.

N ＋ につき　〜당

① 当スポーツクラブ会員以外の方でも、1回につき2,000円で施設をご利用いただけます。
② 今回のチャリティコンサートは、ハガキ1枚につき2名様までお申し込みいただけます。
③ ランニングマシンは予約制で、ご利用はお1人につき30分までとなっております。

25　下記のとおりです

どう使う？

「〜とおり(〜대로)」는 말한 것이나 예상한 것과 같다는 의미를 나타낼 때 사용한다.

V-る ／ V-た　　＋　とおりだ　〜대로다, 〜한 그대로다
N の　　　　　　　　とおり（に）〜대로, 〜그대로

① 今日の映画は本当におもしろかった。友だちが言ったとおりだった。
② 初めて見た富士山は私が想像していたとおりにきれいだった。
③ 料理の本に書いてあるとおりに作ったら、おいしくできた。

やってみよう！

1) はい、体操を始めます。私が言う（とおりに・なら）動いてください。
2) ケーキを作る（とおりに・なら）キムさんに教えてもらったらいいですよ。
3) 道を間違えない（とおりに・ように）この地図を持ってきてください。
   地図の（とおりに・ほうが）来れば、すぐわかると思います。

「 N ＋どおり(~대로)」의 형태로도 사용된다. ★★★
① 今日は予定どおりに仕事が進んだ。
② あいちゃんと純君が結婚するそうだ。やっぱり私の予想どおりだった。

Check

1) 説明書 ＿＿＿＿＿＿ プラモデルを作ろうとしたが、途中でわからなくなった。
2) 本校は、筆記試験と面接 ＿＿＿＿＿＿ 合格者を決めます。
3) 市民団体は市長 ＿＿＿＿＿＿、新しい市役所の建設を中止するように要求した。
4) 強風 ＿＿＿＿＿＿、現在、電車の運転を見合わせています。
5) この駐車場は1時間 ＿＿＿＿＿＿ 200円となっております。

   に対して　　によって　　につき　　のために　　のとおりに

3 市民農園の募集 (2)
시민농원의 모집 (2)

できること

● 이벤트 등에 대해 경험자의 소감이나 활동 내용으로부터 상황을 상상할 수 있다. 본문 해석 보기

21〜30

　家族や仲間と一緒に収穫した野菜を食べるのは最高です。野菜作り**を通して**、自然に親しむこともできるし、バーベキューパーティー**のような**楽しいイベントもあります。実際に利用されている方のお話**によれば**、思ったより簡単にできるし、それに子どもと話す機会が増えて楽しかった**ということです**。
　農園の活動**について**詳しいことは、ホームページでも紹介しています。皆さん、一緒に野菜を作りましょう！

草野指導員

26　野菜作りを通して

どう使う?

「〜を通して／〜を通じて(〜을 통하여)」는 사람, 수단, 사물 등을 매개체로 하여 무언가를 하는 것을 나타낸다.

N ＋ ┌ を通して　〜을 통하여
　　 └ を通じて　〜을 통하여

① 現在はインターネットを通して、すぐに世界中にニュースが広まる。
② 私たちは読書を通していろいろな人の考え方を知ることができます。
③ 取材は、弁護士を通して申し込んでください。
④ 私は海外留学の経験を通じて多くのことを学んだ。

☞ 52 四季を通じて

27 パーティーのような楽しいイベント ★★★

どう使う?

「〜のような(〜와 같은)／〜のように(〜와 같이)」는 대표적인 예를 들 때 사용한다.

N + のように　〜와 같이, 〜처럼
のような + N　〜와 같은

① インフルエンザのようなほかの人にうつる病気になったら、治るまで学校へ来てはいけないことになっています。
② われわれのようなプロのスポーツ選手には食事も練習と同じぐらい大切です。
③ 梅雨のように雨の多い季節は洗濯物が乾かなくて困ります。
④ 体力がないので、テニスのように激しいスポーツはできません。

やってみよう！

정답 별책 P.3

1) 世の中には ＿＿＿＿＿ のように、人の仕事を手伝って働いている動物がいる。
2) ＿＿＿＿＿ のような大都市では車より電車や地下鉄のほうが便利ですよ。
3) ＿＿＿＿＿ のような大きいものを捨てるときは区役所に連絡して取りに来てもらわなければなりません。
4) ＿＿＿＿＿ のようなカロリーの高いものを食べすぎると体に悪いですよ。

| 東京 | 牛や馬 | トンカツ | ベッド |

➕ Plus

～みたい　★★★

친구와의 대화에서는「～みたい(~와 같이)」도 사용한다.

Ⓝ ＋ みたい　～와 같이, ～처럼

① ピアノみたいに大きくて重いものがあると、引っ越しが大変だね。
② キュウリやトマトみたいな夏野菜は育てやすいそうだ。
③ 冬は沖縄みたいな暖かいところに旅行に行きたいな。

☞ 42　本当のハムのように
　 80　雪が降っているかのように

21～30

28　利用されている方のお話によれば　★★

どう使う?

「～によれば／～によると(~에 의하면)」는 정보를 어떻게 알았는지 표현하고 싶을 때 사용한다. 문장 끝에는「～そうだ／～ということだ(~라고 한다)」 등의 표현이 이어진다.

Ⓝ ＋ 「によれば　～에 의하면
　　　　によると　～에 의하면

① 最近の調査によれば、病気ではないが不健康な人が増えているそうだ。
② 今朝の天気予報によると、今週はずっと晴れるそうだ。
③ 観光ガイドブックによれば、この町では毎週日曜日に朝市が開かれるらしい。

やってみよう!

정답 별책 P.3

1) ネットの掲示板（によれば・によって）さくら商店街のレストランのランチは安くておいしいということだ。
2) わが社は新しいシステムの導入（によれば・によって）全社員の残業時間が大幅に短縮された。
3) アンケート（によれば・によって）このホテルは利用者の90％が非常に満足しているそうだ。

3 市民農園の募集 (2)　51

29　楽しかったということです　★★★

どう使う?

「〜ということだ／〜とのことだ(〜라고 한다)」는 들은 정보의 내용을 다른 사람에게 전달할 때 사용한다.

PI ＋ ┌ ということだ　〜라고 한다
　　　└ とのことだ　　〜라고 한다

① ニュースでは、今年は水不足の心配はないということです。
② 部長の話によると、今年の新入社員の数は去年の倍だということだ。
③ 高橋さんから電話がありました。またあとで電話するとのことです。
④ お孫さんがお生まれになったとのこと、おめでとうございます。

やってみよう!
정답 별책 P.3

1) 山田さんからメールがあって、道が混んでいるので、　・　　・a お会いできるのを楽しみにしております。

2) 東京は雪が降っているということですが、　・　　・b 機械に異常はなかったということです。

3) 来月日本にいらっしゃるとのことで、　・　　・c 到着が少し遅れるとのことです。

4) 事故の原因を調べてもらいましたが、　・　　・d 電車はちゃんと動いていますか。

30　農園の活動について詳しいことは　★★★

どう使う?

「〜について(〜에 대해서)」는 화제로 삼거나 생각하고 조사할 내용을 언급할 때 사용한다.

N ＋ ┌ について(は／も)　　〜에 대해서(는/도)
　　　└ についての ＋ N　　〜에 대한

① 兄は大学院で、アジアの経済について研究しています。

② 今年度の求人情報については、ホームページをご覧ください。
③ 部屋を借りるときは安全面についても確認したほうがいい。
④ この図書館には、機械工学についての本がたくさんある。

やってみよう！

정답 별책 P.3

1) あなたの趣味（について・についての）話してください。
2) 製品（について・についての）ご質問はサポートセンターにご連絡ください。
3) わが社の経営方針（について・に対して）説明します。
4) 毎年、学校では自転車の利用者（について・に対して）交通安全指導を行っている。

Check

정답 별책 P.4

1) 卒業論文のテーマ ＿＿＿＿＿＿＿ 先生に相談したいと思っている。
2) A：どこへ旅行に行きたいですか。
   B：パリ ＿＿＿＿＿＿＿ すばらしい美術館がある町へ行きたいですね。
3) 先生の話 ＿＿＿＿＿＿＿、来週は大きいテストが3つもあるそうだ。
4) 私は、共通の友人 ＿＿＿＿＿＿＿ 妻と知り合いました。
5) 台風が近づいている ＿＿＿＿＿＿＿ から、皆さん十分気をつけてください。

| を通じて | について | ということです | によれば | のような |

まとめの問題

問題1 <문법 형식 판단>

次の文の（　）に入れるのに最もよいものを、1・2・3・4から一つえらびなさい。

1　彼の意見（　　）反対する人はだれもいなかった。
　　1　にたいする　　2　にたいして　　3　について　　4　についての

2　父の店でもコンピューター（　　）商品管理を行っている。
　　1　によると　　2　によれば　　3　による　　4　によったら

3　今朝のニュース（　　）、昨日高速道路で大事故があったそうだ。
　　1　によれば　　2　によって　　3　について　　4　をつうじて

4　部長の指示（　　）仕事を進めたが、うまくいかなかった。
　　1　どおりに　　2　とおりに　　3　にたいして　　4　にたいしての

5　見学を希望する場合は、1週間前までに担当者（　　）申し込んでください。
　　1　について　　2　のために　　3　のとおりに　　4　をつうじて

6　兄は工業ロボット（　　）研究している。
　　1　についての　　2　について　　3　にたいして　　4　にたいしての

7　インフルエンザが流行している（　　）、お見舞いの方にもマスクをしていただくことになっています。
　　1　と　　2　ように　　3　という　　4　ため

8　私の国は暑いので、スキー（　　）冬のスポーツは一度もしたことがないんです。
　　1　のとおりに　　2　のような　　3　について　　4　にたいして

| 9 | 本日発売されたゲームは、たいへんな人気で、1時間ぐらいで全部売れてしまった（　　）。

　　1　ところです　　　　　　　　2　ということです
　　3　ばかりです　　　　　　　　4　とたんです

問題2　<문장 완성>

次の文の　★　に入る最もよいものを、1・2・3・4から一つえらびなさい。

| 1 | 昨日私の大学で、＿＿＿＿　＿＿＿＿　★　＿＿＿＿開かれた。

　　1　について　　　2　考える　　　3　アジア経済　　　4　国際会議が

| 2 | 祖父は会社では厳しい社長だが、＿＿＿＿　＿＿＿＿　★　＿＿＿＿優しい。

　　1　に対しては　　2　私たち　　　3　孫の　　　　　　4　とても

| 3 | 昨日見た映画は、＿＿＿＿　＿＿＿＿　★　＿＿＿＿なった。

　　1　予想した　　　2　私が　　　　3　結末に　　　　　4　とおりの

問題3　<글의 문법>

次の文章を読んで、文章全体の内容を考えて、　1　～　4　の中に入る最もよいものを、1・2・3・4から一つ選びなさい。

　バレンタインデーにチョコレートを贈る習慣　1　、女性にアンケートを行ったら、「続けたい」が「やめたい」を上回った。
　いちばん好きな人には特別に手作りのチョコや、値段の高いチョコを贈るというのは予想　2　だが、それ以外の人に贈る場合はどうなのだろうか。
　働いている人は、「義理チョコ」　3　、職場の人間関係がよくなればいいと答える人が多かった。
　また、女子高校生の回答　4　、男子に贈らないで、クラスの女の子に「友チョコ」を贈ることが多いということだ。
　チョコレートの贈り方は世代で違うようだ。

1	1 について	2 についての
	3 にたいして	4 にたいしての

2	1 とおり	2 どおり	3 をとおして	4 をとおって

3	1 とおり	2 どおり	3 をとおして	4 をとおって

4	1 によって	2 によっての	3 によると	4 について

問題4 <청해>

1　この問題では、まず質問を聞いてください。そのあと、問題用紙を見てください。読む時間があります。それから話を聞いて、問題用紙の1から4の中から、最もよいものを一つえらんでください。

1	1 ストレス解消ができたこと	2 野菜の育て方がわかったこと	🔊 14
	3 トマトとナスがとれたこと	4 体調がよくなったこと	

2	1 遅刻するので困ると思っている	🔊 15
	2 本当に迷惑だと思っている	
	3 しかたないと思っている	
	4 とてもよかったと思っている	

2　この問題では、絵を見ながら質問を聞いてください。矢印（→）の人は何と言いますか。1から3の中から、最もよいものを一つ選んでください。

1　2　3　　　　　　　　　　　　　　🔊 16

4 水泳大会 (1)

수영 대회 (1)

> **できること**
>
> ● 개인적인 일에 대해 물어보면서 친구와 이야기할 수 있다.

🔊 17

鈴木：あー、疲れた。
佐藤：どうして？
鈴木：来週の日曜に水泳の大会があるから、毎日練習し**てる**んだ。
佐藤：え？ 応援に行か**なきゃ**。何時に始まるの？
鈴木：9時からだけど、バイトだろ？ 来なくてもいいよ。
佐藤：自由形に出るんだ**っけ**。
鈴木：うん。100メートルと200メートル。
佐藤：がんばってね。もしかして優勝し**たりして**？
鈴木：ははは…。

31 ～ 41

31　毎日練習してるんだ　★★★

> **どう使う？**

「～ている（～하고 있다）」「～ておく（～해 두다）」 등은 대화할 때 「～てる」「～とく」와 같이 음을 생략하거나 형태를 바꿔 사용하기도 한다.

보통형 PI	축약형	변화의 법칙
見ている 読んでいる	見てる 読んでる	ている→てる でいる→でる　＊1
見ておく 読んでおく	見とく 読んどく	ておく→とく でおく→どく　＊2
忘れてしまう 読んでしまう	忘れちゃう 読んじゃう	てしまう→ちゃう でしまう→じゃう　＊3
見てはいけない 読んではいけない	見ちゃいけない 読んじゃいけない	ては→ちゃ では→じゃ
読まなければいけない	読まなきゃいけない	なければ→なきゃ
読まなくてはいけない	読まなくちゃいけない	なくては→なくちゃ

＊1「見てて」「読んでた」와 같이 Ⅱ그룹 동사와 동일하게 형태가 변한다.
＊2「見といて」「読んどいた」와 같이 Ⅰ그룹 동사와 동일하게 형태가 변한다.
＊3「読んじゃって」「忘れちゃった」와 같이 Ⅰ그룹 동사와 동일하게 형태가 변한다.

① A：あ、あそこにきれいな花が咲いてるよ。
　 B：ほんとだ。
② A：これ、どこに置きますか。
　 B：じゃ、あそこの机の上に置いといてください。
③ A：昼ご飯、食べた？
　 B：うん、11時に食べちゃった。
④ A：宿題、終わった？　ちゃんとしなきゃだめよ。
　 B：はーい。

やってみよう！

정답 별책 P.4

 例　何読んでるの？
　　　（　読んでいるの　）

1）この本、読んどいてください。
　　　　　（　　　　　　　）
2）発表の前にいろいろ調べとかなきゃいけないよ。
　　　　　　　　　　　（　　　　　　　　　）

3) 試験勉強、まだぜんぜんやってない。
   (   )
4) レポート、絶対出さなきゃだめかな？
   (   )

32　応援に行かなきゃ。

どう使う？

문장을 끝까지 말하지 않아도 의미를 알 수 있을 때에는 「〜なきゃ。(〜하지 않으면 안 돼.)」처럼 뒤에 오는 말을 생략하여 말하는 경우가 있다.

① ねえ、ちょっと手伝って（ください）。
② A：これ、よくわからないなあ。
　　B：山田さんに聞いたら（どうですか）？
③ A：明日、来られる？
　　B：わからない。無理かも（しれない）。
④ あ！大変！宿題しなきゃ（いけない）。

やってみよう！

정답 별책 P.4

> 例　この漢字の読み方、教えて（　ください　）。

1) 帰国前にお土産買っておかなきゃ（　　　　　　　）。
2) 具合が悪かったら、早く帰って寝たら（　　　　　　　）？
3) 部屋を出るときは、電気を消して（　　　　　　　）。

 장음(길게 발음하는 음)을 생략하는 경우가 있다.　★★
　① A：おはよ（う）。この本、ありがと（う）。すごくおもしろかった。
　　　B：ね、おもしろかったでしょ（う）。
　② そんなことしてないで、早く行こ（う）。
　③ A：じゃ、水曜日に会お（う）。
　　　B：うん。さよ（う）なら。

33 出るんだっけ

どう使う?

「〜っけ(〜였나?)」는 확실하게 알지 못하는 것이나, 들었는데 잊어버린 것을 확인할 때 쓴다.

Pl
Po ⎤ + っけ 〜였나?, 〜였지?

＊「んだ」와 함께 쓰이는 경우도 많다.

① クリーニング屋、何時までだっけ。
② そのケーキ、どうしたの？ 今日、だれかの誕生日だっけ。
③ A：おかえりなさい。あれ、買ってきてくれた？
　 B：え？ 何か頼まれてたっけ。
④ A：あの店、ディナーだと高いんだっけ。
　 B：クーポン券があるから、大丈夫だよ。
⑤ A：あれ？ これいつ買ったんだっけ。
　 B：先週、私が買ってきたのよ。
⑥ 高橋さん、昨日のパーティーにいらっしゃいましたっけ。

> ! 과거에 알게 된 것은 현재, 미래의 일이라도 과거형을 사용하는 경우가 있다.
> ① 今度のテスト、来週の月曜日だったっけ。
> ② 電池、どこに入れてありましたっけ。

やってみよう！

정답 별책 p.4

> 例 A：田中さん、ここへ来たの、初めてだ（**っけ**・よ）。
> 　　B：うん、初めてだ（っけ・**よ**）。

1) A：おなかすいた。何かお菓子、買ってあった（っけ・よ）。
　 B：冷蔵庫にアイスクリームがある（っけ・よ）。
2) A：何だ（っけ・よ）、先生がいいって言ってた本の名前。
　 B：『百万回生きた猫』だよ。

3) A：ぼく、昨日、ジョニーの新しい映画見たんだ（っけ・よ）。
   B：え？　もう始まってるんだ（っけ・よ）。
4) A：石油の値段がまた上がるらしいね。
   B：え？　そんなこと言ってた（っけ・よ）。

34　優勝したりして？

どう使う？

「〜たりして(〜하는 거 아냐?)」는 '〜일지도 모른다'는 의미를 나타낸다.

PI ＋ りして　〜하는 거 아냐?, 〜인 거 아냐?
[과거형만]

① A：佐藤さん、まだ来ないね。
　 B：もしかして寝てたりして…。
② A：これいくらかな？
　 B：すごく高かったりして…。
③ A：ねえ、あのサングラスの人、かっこいいよね。
　 B：芸能人だったりして…。

 105 弱気になったりして

Check

정답 별책 P.4

1) A：あれ？　天気予報、今日雨降るって言ってた（っけ・って）？
   B：ううん。晴れって言ってたのに…。
2) A：さくらちゃん、遅いね。大丈夫かな？
   B：そうね。道に迷って（たりして・たっけ）。
3) A：大変だ！　キャッシュカード落としちゃった。
   B：じゃ、すぐに銀行に連絡（しちゃ・しなきゃ）。

 # 水泳大会（すいえい）(2)
수영 대회 (2)

본문 해석 보기

できること

● 개인적인 일에 대해 의견이나 감상을 주고받으며 친구와 이야기할 수 있다.

 18

鈴木（すずき）：がんばっ**たって**、優勝（ゆうしょう）は絶対無理（ぜったいむり）**に決（き）まってる**よ。
佐藤（さとう）：試合なんだから、強気（つよき）で行かなきゃだめ**じゃない**。
鈴木：そんなこと言ったって、強い選手（せんしゅ）**って**、小さいときからずっと泳（およ）いでいるんだよ。
佐藤：ふうん。そうなんだ。なかなか大変**みたい**だね。
鈴木：ぼくも子どものころからやってお**けばよかった**なあって、ときどき思うけどね…いつも遊（あそ）で**ばかり**だったから。
佐藤：きびしいんだね。
鈴木：でも、おもしろいよ。少しでも速（はや）く、上手に泳（およ）ごうと思ってがんばるのは、試合があるからだし…。

35　がんばったって　★★

どう使う？

「〜たって(〜해도)」는 「急いだって間（ま）に合（あ）わない(서둘러봤자 늦는다)」「先生だってわからないことはある(선생님이라도 모르는 것은 있다)」처럼 「〜ても(〜해도)」와 같은 의미로 사용한다.

V-た	くた		
いA <s>い</s> くた		+ って	～해도
なA だ			
N だ			

V-な<s>い</s> くた			
いA <s>い</s> くなくた		+ って	～않다 해도
なA じゃなくた			
N じゃなくた			

① お金持ちだって、幸せじゃない人もいます。
② 病院に行ったって、すぐには治らないよ。
③ 悲しくたって、さびしくたって、絶対泣かない。
④ まだ若いので、一晩ぐらい寝なくたって大丈夫です。

やってみよう！

정답 별책 P.4

1）どんなに（便利だって・不便だって）高ければ売れないだろう。
2）肉が（あったって・なくたって）、えびを使えばおいしいギョーザが作れます。
3）顔が（よくたって・悪くたって）性格が悪ければだめだよ。
4）けんかを（したって・しなくたって）、すぐに謝れば仲直りできるよ。

☞ 11 クロって名前
　38 強い選手って

36 無理に決まってるよ ★★

どう使う？

「～に決まっている(당연히 ～이다)」는 '반드시 ～라고 생각한다'라고 강하게 표현할 때 사용한다.

PI + に決まっている　당연히 ～이다, ～인 것이 당연하다
[なA だ　N だ]

① A：あ、かわいい犬。チョコレートあげてもいいかな。
　　B：え？ 犬にチョコ？ だめに決まってるじゃない！
② あのチームは今年も最下位に決まってるよ。
③ A：おばあちゃん、プレゼント、喜んでくれるかなあ？
　　B：Aちゃんが選んだんだから、喜ぶに決まってるよ。

やってみよう！

정답 별책 P.4

1) A：暑い暑い！
   B：夏は暑い（<u>に決まっている</u>・ことがある）でしょう。
2) A：土曜日はうちにいない（<u>に決まっています</u>・ことがあります）。
   B：じゃ、行く前に電話します。
3) A：ねえ。このホテル、すてきね。ここに泊まろうよ。
   B：だめだめ。そんな有名なホテル、高い（<u>に決まっている</u>・ことがある）よ。

37　行かなきゃだめじゃない　★★★

どう使う？

「〜じゃない（〜잖아）」는 청자도 알고 있는 것이나 같은 의견인 것을 확인할 때 사용한다. 상대를 비난하거나 무언가를 발견했을 때 사용하기도 한다. 말할 때 어미를 올리지 않고 발음하며, 부정의 의미는 없다.

PI ＋ じゃない ↘ 〜잖아
[なA だ　N だ]

＊「じゃない」는 끝을 내려서 발음한다.

① A：今度のクラス会、どこでする？
   B：レストランABK、広くて、交通の便もいいじゃない。あそこがいいよ。
② A：駅前に新しいコンビニができたじゃないですか。今、おにぎりが全部50円引きなんですよ。
   B：へえ、そうですか。
③ A：あ！ いけない！ 電話するの忘れてた。
   B：だめじゃない。ちゃんと連絡しなきゃ。
④ A：Bさん、すごい！ 歌下手だって言ってたけど、上手じゃない。
   B：この歌だけね。一生けんめい練習したの。

やってみよう！

정답 별책 p.4

1) A：ラーメン食べに行こ！
   B：えー、ラーメン！？ 昨日食べたじゃない。
   a　昨日、ラーメンを食べた。
   b　昨日、ラーメンを食べなかった。

2) A：このケーキ、食べてみて。
   B：おいしいじゃない。佐藤さんが作ったの？ すごいね。
   a　佐藤さんが作ったケーキはおいしい。
   b　佐藤さんが作ったケーキはおいしくない。

3) A：約束の時間に来られなかったら電話してって言ったじゃない。
   B：今度は連絡するよ。
   a　Aさんは電話してほしいと言わなかったから、Bさんはしなかった。
   b　Aさんは電話してほしいと言ったがBさんはしなかった。
   c　Bさんは時間に遅れたから、連絡できなかった。

＋ Plus

〜じゃん

「〜じゃん(〜잖아)」도 같은 의미로 사용된다.

 ＋ じゃん　〜잖아

A：だめじゃん。友だちの宿題写しちゃ。
　　自分でやらなきゃ意味ないじゃん！
B：そんなに怒らなくてもいいじゃん。

38　強い選手って

どう使う？

「〜って(〜은)」는 「クロってかわいいね(쿠로는 귀엽네)」와 같이 「〜は(〜은)」 대신에 사용한다.

N ＋ って　〜은/는

① 山田さんって親切よね。
② これってただでもらってもいいの？
③ ディズニーランドってどこにあるか知ってる？
④ リンさんっていつ帰国するんだっけ。

☞ 11 クロって名前
　　35 がんばったって

39　大変みたいだね　★★★

どう使う？

「〜みたい(〜인 것 같다)」는 화자의 추측을 나타내는「〜よう(〜인 것 같다)」의 의미로 사용한다.

PI ＋ みたい（だ）　〜인 것 같다
[なAだ　Nだ]

① A：なんか疲れてるみたいだけど、仕事忙しいの？
　 B：そうじゃなくて、勤務地が変わって通勤が大変なんだ。
② A：新しくできた美術館、人気あるみたいだね。もう行った？
　 B：うん、すてきな絵がたくさんあったよ。
③ となりのお嬢さん、今日成人式みたい。きれいな着物着て出ていったから。
④ ようやく梅雨明けしたみたいだね。これから暑くなるね。
⑤ 私、どこかで財布落としちゃったみたい。いくら探してもないのよ。

やってみよう！

정답 별책 P.4

1) 経済学理論の授業、単位取るの難しい・みたいだね。
2) どうも食中毒みたいなんだ。　　　　・
3) 課長、海外支社に転勤になるみたいよ。・
4) となりの空き地に高層マンションが建・つみたいよ。

・a 日当たりが悪くなって困るよね。
・b 後任はだれになるのかな。
・c 昨日からおなかこわしちゃって…。
・d 先輩が落としちゃったって言ってたよ。

40 やっておけばよかった ★★★

どう使う？

「〜ばよかった(〜할 걸 그랬다)」는 '자신이 〜하지 않았기 때문에 나쁜 결과가 되었다'라고 후회하거나, 다른 사람이 하지 않은 것을 유감스럽게 생각할 때 사용한다.

V-ば		V-ない ければ	
いA ~~い~~ ければ	+ よかった	いA ~~い~~ くなければ	+ よかった
なA なら	〜할 걸 그랬다	なA じゃなければ	〜하지 말 걸 그랬다
N なら		N じゃなければ	

① A：わあ、富士山がとってもきれい！
　 B：ほんと！ カメラを持ってくればよかったね。

② 急いでいたからタクシーに乗ったんだけど、乗らなければよかったよ。電車より時間がかかっちゃった。

③ このかばん、機内持ち込みだめだって。もうちょっと小さければよかったんだけど…。

③

④ A：Bちゃんのお母さん、すてきだよね。私は子どものころ、Bちゃんのお母さんが私のお母さんならよかったのにって、思っていたの。
　 B：へえ。Aちゃん、そんなこと思っていたの。ぜんぜん知らなかった。

やってみよう！

정답 별책 P.4

1) A：のどかわいたね。
　 B：さっき自動販売機で、水買えばよかったね。
　 a　さっき水を買ったので、水が飲めて、よかった。
　 b　さっき水を買わなかったので、のどがかわいて困っている。

2) A：留学生の交流パーティー、どうだった？
　　B：とても楽しかったです。先輩も来ればよかったのに…。
　　a　先輩が楽しいパーティーに来なかったので残念だと思っている。
　　b　先輩もパーティーに来て、楽しくてよかったと思っている。

3) あんまりおいしくないね。やっぱりレシピどおりに作ればよかった。
　　a　レシピどおりに作ったのに、おいしくなかった。
　　b　レシピどおりに作らなかったので、おいしくなかった。

41　遊んでばかりだった　★★★

どう使う？

「〜ばかり(〜만)」는 '같은 일을 몇 번씩 반복하고, 그 외의 일은 하지 않아 곤란하다'라고 비판적으로 표현할 때 사용한다.

```
N
V-て  ] + ばかり　〜만, 〜하기만 (하다)
```

＊「V-て + ばかりいる(~하기만 하다)」의 형태도 쓰인다.

① 最近雨ばかりで、洗濯物が乾かなくて困っています。
② ゲームばかりしていると、目が悪くなりますよ。
③ 逃げてばかりじゃ勝てないぞ。攻めていけ！
④ あの子はいたずら好きで、みんなを困らせてばかりいる。

やってみよう！

정답 별책 P.4

1) 学生はおしゃべりばかりしていて、　　・　　・a　お巡りさんは困ってしまった。
2) 迷子の女の子は何を聞いても泣いてば・　　・b　ぜんぜん進まない。
　 かりいるので、
3) 子どものころは妹とけんかしてばかり・　　・c　ぜんぜん先生の話を聞いていない。
　 いましたが、
4) セーターを編み始めたけど、間違えて・　　・d　今は仲よく一緒に旅行しています。
　 ばかりいて、

「 V-る ／ V-て いる ＋ ばかり(~할 뿐이다/~하고 있을 뿐이다)」의 형태도 사용된다.
① 彼は文句を言うばかりで、ぜんぜん働かない。
② コアラを見に行ったのに、寝ているばかりでぜんぜん動かないのでがっかりした。

☞ 59 田舎ばかりでなく東京にも
69 卒業したばかりなんだから

31
〜
41

Check

정답 별책 P.5

1) A：ロレックスの時計が15,000円だって。
   B：そんなの偽物（に決まってる・ならよかった）よ。
2) A：ねえ、車買おうよー！
   B：車、（買ったって・買えば）忙しくて乗る時間ないよ。
3) A：このカレー、辛すぎて食べられないよ。
   B：甘口を（頼めば・頼んで）よかったね。
4) A：新しい会社どう？
   B：まだ仕事がよくわからなくて、失敗（した・して）ばかりです。
5) A：調子悪いの？
   B：うん、ちょっと熱がある（に決まっている・みたい）。
6) A：おなかすいたね。
   B：え？ もう？ さっきサンドイッチ食べた（っけ・じゃない）。

まとめの問題

정답 별책 P.15

問題 1 <문법 형식 판단>

次の文の（　）に入れるのに最もよいものを、1・2・3・4から一つえらびなさい。

1　A：だめよ。新聞を火のそばに置いたら火事になっちゃう（　　）。
　　B：ごめん、ごめん。すぐ片付けるから。

　　1　か　　　　2　なら　　　　3　っけ　　　　4　じゃない

2　昨日からのどが痛くて、なんだか風邪をひいた（　　）なんだ。

　　1　ばかり　　2　みたい　　　3　ところ　　　4　はず

3　A：奨学金の申し込みっていつまでだった（　　）?
　　B：来週の金曜までだよ。

　　1　んだ　　　2　っけ　　　　3　よ　　　　　4　か

4　A：このケーキ、おいしいね。
　　B：ほんと？　うれしい！　昨日がんばって作った（　　）。

　　1　んだ　　　2　って　　　　3　っけ　　　　4　じゃない

5　A：わあ！　立派な家！　どんな人が住んでるのかな？
　　B：お金持ち（　　）よ。

　　1　ばかり　　　　　　　　　　2　ならよかった
　　3　に決まってる　　　　　　　4　じゃない

6　A：うー、寒い！　風邪ひきそう。コートを（　　）。
　　B：だから、「コートは？」って聞いたのに。

　　1　着てくればよかった　　　　2　着てきてよかった
　　3　着てこないでよかった　　　4　着てこなければよかった

| 7 | A：さっき買ったコップに、ひびが入ってたんだ。
B：じゃ、取り替えて（　　　）?

1　もらえたら　　　　　　2　もらったら
3　もらったっけ　　　　　4　もらえたって

問題2　<문장 완성>

次の文の ___★___ に入る最もよいものを、1・2・3・4から一つえらびなさい。

| 1 | A：明日の集合時間、6時だよ。
B：そんな＿＿＿ ＿＿＿ ★ ＿＿＿ないじゃない。どうしよう。

1　電車　　　　2　早い　　　　3　動いて　　　　4　時間じゃ

| 2 | いくら＿＿＿ ＿＿＿ ★ ＿＿＿勉強しなきゃ受からないよ。

1　ように　　　2　お祈り　　　3　したって　　　4　合格する

| 3 | 忙しくても、仕事＿＿＿ ＿＿＿ ★ ＿＿＿体を壊すよ。

1　していないで　　2　休まないと　　3　ばかり　　4　少しは

問題3　<청해>

この問題では、問題用紙に何も印刷されていません。まず文を聞いてください。それから、その返事を聞いて、1から3の中から、最もよいものを一つえらんでください。

| 1 | 1　2　3　　　🔊 19
| 2 | 1　2　3　　　🔊 20
| 3 | 1　2　3　　　🔊 21
| 4 | 1　2　3　　　🔊 22
| 5 | 1　2　3　　　🔊 23

手作りハムのレシピ (1)

수제 햄 레시피 (1)

본문 해석 보기

できること

● 레시피를 읽고 어떤 요리인지 이해할 수 있다.

🔊 24

　皆様、本日ご紹介する「とりハム」は、安いとり肉を本当のハム**のように**おいしくできます。サラダやサンドイッチ**はもちろん**、ほかの料理に**も**おすすめです。２日かかりますが、とても簡単に作れるので、ぜひ作ってみてください。

材料

・とりむね肉　　　１枚　　　（むね肉はもも肉**ほど**あぶらが多く**ない**ので、
　　　　　　　　　　　　　　　あっさりしていて食べやすい）

・はちみつ　　　　大さじ１　（はちみつの**かわりに**砂糖でもよい）

・塩　　　　　　　大さじ１

・こしょう　　　　少々

42　本当のハムのように　★★

どう使う?

「～よう(마치 ～같다)」는 「氷のように冷たい手(얼음같이 차가운 손)」와 같이 비슷한 것에 비유하여, 모양이나 상황을 설명할 때 사용한다.

N の V-る / V-た V-て いる	+	ようだ (마치) ~같다 ように (마치) ~같이 ような + N (마치) ~같은

① あのえんぴつのような形をしている建物は、電話会社のビルです。
② わが社の新しいロボットはまるで人間のように手足が自由に動きます。
③ あの2人が話していると、まるでけんかをしているように聞こえる。
④ 今日は宿題が山のようにたくさんある。
⑤ 夕方になって半額セールが始まると、お弁当は飛ぶように
　売れて、あっという間になくなってしまった。

④

 정답 별책 p.5

やってみよう！

1) 佐藤さんのお姉さんはファッションモデルの（ように・ような）かっこいい。
2) あの雲は魚の（ように・ような）形をしている。
3) あの体操選手の動きは、機械の（ように・ような）正確だ。
4) 今日は真夏の（ように・ような）暑さになりますので、体調管理にお気をつけください。

+ Plus

～みたい ★★

친구와 대화할 때는「～みたい(~같다)」를 쓰기도 한다.

N V-る / V-た V-て いる	+	みたい（だ） ~같다 みたいに ~같이 みたいな + N ~같은

① A：山田先生って厳しいけど私たちのことほんとに心配してくれるよね。
　 B：そうそう、ちょっとお父さんみたい。
② A：生まれたばかりの赤ちゃんって、猿みたいだよね。
　 B：そんなことないよ。うちの子はかわいかったよ。
③ わあ、すごい汗だね。シャワーを浴びたみたい。

 39 大変みたいだね

☞ 27 パーティーのようなイベント
80 雪が降っているかのように

43　サンドイッチ**はもちろん**、ほかの料理**にも** ★★

どう使う？

「AはもちろんBも(A는 물론 B도)」의 형태로, 'A뿐만 아니라 게다가 B도'라는 의미를 나타낸다.

N₁ ＋ はもちろん　N₂ ＋ も　～은 물론 ～도

① 山形はスキーはもちろん、温泉もいいのでたいへん人気があります。
② この店、ラーメンはもちろん、ギョーザもおいしいと評判ですよ。
③ このタイプの旅行保険は、事故はもちろん、病気や盗難も補償いたします。
④ 父はゴルフが趣味で、週末はもちろん平日も仕事のあとで練習しています。

やってみよう！

정답 별책 P.5

1) 私が通っている日本語学校は・　　・a 日本の伝統芸術はもちろん、アニメやファッションにも興味があるからです。

2) この旅行会社は　　　　　　　　・　　・b 両親にはもちろん先生や友だちにも急いで知らせた。

3) 昨日大学から合格通知が来た・　　・c 日本語の授業はもちろん数学や英語の授業もあります。
ので

4) 私が来日したのは　　　　　　　・　　・d 国内はもちろん海外にもたくさんの支店を持っています。

44　もも肉**ほど**あぶらが多く**ない** ★★

どう使う？

「AはBほど～ない(A는 B만큼 ～하지 않다)」의 형태로, A는 B의 수준까지 도달하지 않았다는 것을 나타낼 때 쓴다.

```
 N
 V-る  / V-た          ┐
                      ├ + ほど～ない   ～만큼 ～하지 않다
 V-て いる / V-て いた ┘
```

① 今年の冬は去年ほど寒くないですね。
② 和菓子はケーキほどカロリーが高くないと思って、つい食べすぎてしまう。
③ 世の中はあなたが考えているほど甘くない。
④ 昨日の数学のテストは、思ったほど難しくなかった。
⑤ 今日見た映画は、友だちが言っていたほどおもしろくなかった。

やってみよう！   정답 별책 p.5

1) 私が生まれ育った町は、 ・   ・a 人前でひくほど上手じゃないですよ。
2) ちょっと頭が痛いけど、 ・   ・b 東京ほどにぎやかじゃない。
3) 留学生活は   ・   ・c 学校を休むほどひどくないから大丈夫です。
4) ピアノはずっと習っているけど、・   ・d 心配していたほど大変じゃなかった。

☞ 7 立っているのもつらい**ほど**
　 57 木が育て**ば**育つ**ほど**
　111 これ**ほど**つらい風邪はひいたこと**ない**よ

42
～
50

45　はちみつのかわりに　★★★

どう使う？

「～かわりに(～대신에)」는 '어떤 사물, 어떤 사람, 어떤 일을 대신해서 ～하다'라고 말할 때 사용한다. 교환 조건 등을 나타낼 때에도 쓰인다.

```
 N の
 V-る / V-た / V-ない  + かわりに   ～대신에
```

① 母の帰りが遅くなる日は、母のかわりに私が夕食を作ることになっている。

② スミスさんはそばを食べるとき、おはしのかわりにフォークを使うそうだ。
③ 私たちは便利な生活を手に入れたかわりに、多くの自然を失った。
④ 友だちに韓国語を教えるかわりに、日本料理の作り方を教えてもらっている。

やってみよう！

정답 별책 p.5

1) ダイエット中なので　　　　　　　・　　・a 今度ごちそうしてよね。
2) 海外からお客様がいらっしゃっ・　　・b 朝ご飯のかわりにこれを食べるよう
　　たときはいつも　　　　　　　　　　　にしています。
3) 引っ越し手伝ってあげるかわりに・　　・c 社長のかわりに部長があいさつする。
4) 日曜日に仕事をするかわりに　　・　　・d 来週休みをもらうことになった。

> 명사에 접속할 때는 「 N ＋にかわって／にかわり(~을 대신해서)」도 사용된다. ★
> ① 今後はガソリンで走る車にかわって電気自動車が普及するのだろうか。
> ② 本日は、入院中の父にかわり、私がごあいさつさせていただきます。

Check

정답 별책 p.5

1) 数学は英語 ＿＿＿＿＿＿ 得意じゃない。
2) 高橋さん、私の ＿＿＿＿＿＿ 大阪へ出張してくれませんか。
3) このアニメは、子どもは ＿＿＿＿＿＿ 大人も十分楽しめます。
4) うちの犬ととなりの家の犬はきょうだいの ＿＿＿＿＿＿ 仲がいい。

　　ように　　かわりに　　ほど　　もちろん

手作りハムのレシピ (2)
수제 햄 레시피 (2)

> **できること**
>
> ● 레시피를 읽고 요리의 순서나 주의점을 이해할 수 있다.

（1日目）

1. とりむね肉を切ら**ずに**ボウルに入れて、初めにはちみつ、または砂糖をかけて、次に塩、こしょうの順にかけてよく混ぜます。
2. 1をビニール袋に入れます。そのときできるだけ空気を入れないようにします。
3. ビニール袋に入れた**まま**、冷蔵庫の中に入れて1日置いておきます。

（2日目）

1. とり肉をビニール袋から出してボウルに**入れ**、水ではちみつ（砂糖）、塩を洗い流します。
2. さらに、きれいな水に1時間つけたままにします。
3. 鍋にお湯をわかし、ふっとうした**ところへ**とり肉を入れます。
4. もう一度ふっとうしたら、すぐに火を止めてふたをします。
5. そのまま冷めるまで置いておきましょう。
6. 冷めたら取り出して冷蔵庫に入れて2、3日で食べ**きって**ください。

42
〜
50

46　とりむね肉を切らずに　★★

どう使う？

「〜ずに(〜하지 않고)」는 「〜ないで(〜하지 않고)」와 같은 의미로 사용된다.

V-ない + ずに　〜하지 않고

＊「する」→「せずに」　「来る」→「来ずに」

① かさを持たずに出かけて、雨に降られてしまった。
② 名前を書かずにテストを出してしまった。
③ 涙のわけは聞かずに、そっとしておいてほしいと彼女に言われた。
④ 宛先のアドレスをよく確認せずに送信してしまった。

やってみよう！

정답 별책 p.5

1) 今日は寝坊をしてしまって、　・　　・a 最後まであきらめずにがんばろう。
2) 好き嫌いしないで、　　　　　・　　・b 相手の名前を確かめずに切ってしまった。
3) 注文の電話がかかってきたのに、・　・c 野菜も残さずに食べないとだめですよ。
4) 日本語能力試験まであと1か月、・　・d 朝食を食べずに学校に来た。

47　ビニール袋に入れたまま　★★★

どう使う？

「〜たまま(〜인 채)」는 상태가 변하지 않고 계속되고 있음을 말할 때 쓴다. 그 다음 무언가를 해야 하는데도 하지 않았음을 나타낼 때 사용하기도 한다.

V-た / **N の** + まま　〜인 채(로)

① すぐに戻ってきますから、机の上はこのままにしておいてください。

② 久しぶりに帰ったふるさとは以前のままだった。
③ 日本では卵を生のまま食べるというのは本当ですか。
④ 冬はくつ下をはいたまま寝ています。
⑤ 友だちから本を借りたままで、まだ返していない。
⑥ 部屋の電気をつけたまま寝てしまった。

やってみよう！

정답 별책 P.5

1）ポケットにお金を（入れて・入れたまま）洗濯してしまった。
2）みんなかさを（さして・さしたまま）歩いているから、外は雨が降っているのだろう。
3）この本を（読んで・読んだまま）、レポートを書いてください。
4）昨日買った洋服を値札を（つけて・つけたまま）着て行って、友だちに笑われた。

 형용사에 접속하는 경우도 있다. ★★
① この本は2冊買って、1冊は新しいままとっておくつもりです。
② この冷蔵庫は魚でも野菜でも新鮮なまま保存できます。

48　ボウルに入れ、 ★★★

どう使う？

「調査し、レポートを書く（조사해서 리포트를 쓰다）」와 같이 문장 앞과 뒤를 연결할 때, 「〜て（〜하고, 〜해서）」로 접속하는 형태 대신에 ます형을 쓰는 경우가 있다.

① アンケートを実施し、結果をまとめて発表する。
② 交通ルールを守り、安全運転をしましょう。
③ 高速道路の料金が値下げされ、利用者が増えた。

やってみよう！

정답 별책 P.5

| 例 | 子どもは「よく　遊び　、よく学べ」と昔からよく言われている。 |

1）小麦粉に卵と砂糖を ＿＿＿＿＿、よく混ぜる。

2) 午後から久しぶりに雨が _____、少し涼しくなった。
3) 新郎の中村君は大学では経済を _____、優秀な成績　　3)
　　で卒業されました。

~~遊ぶ~~　降る　入れる　専攻する

49　ふっとうしたところへ　★★

どう使う？

「～ところへ、…(～때…)」는 '마침 그때 ～가 일어났다'라고 말할 때 사용한다.

V-る　／　V-た
V-て　いる　　＋ところ　(마침) ～할 때, ～했을 때, ～하고 있을 때

> ！「ところ」뒤에 오는 조사는「～ところを見られた(~하는 것을 들켰다)」「～ところへ／に来た(~할 때 왔다)」「～ところで終わった(~했을 때 끝났다)」등 뒤에 나오는 동사에 따라 바뀐다.

① あくびしたところを写真に撮られたって、佐藤さん、怒ってたよ。
② 大統領が記者会見をしているところに、緊急ニュースが飛び込んできた。
③ A：試験、どうだった？
　　B：うん。最後の問題が解けたところで、試験終了のチャイムが鳴ったんだ。
④ 部長がお客さんと話をしているところに声をかけて、あとで注意されてしまった。

やってみよう！

정답 별책 p.5

1) 試合時間が残り1分を切ったとこ・　　・a めんを入れてください。
　　ろで、
2) 授業中、寝ているところを、　　　・　　・b 会社から呼び出しの電話がかかって
　　　　　　　　　　　　　　　　　　　　　きた。
3) 夏休みで家族とのんびりしている・　　・c ゴールを決められて負けてしまった。
　　ところに、
4) お湯がぐつぐつとふっとうしてい・　　・d 先生に注意された。
　　るところに、

「 V-て いた ／ V-よう とした ＋ ところ（~하고 있었을 때/~하려고 했을 때）」「 いA ＋ ところ（~인 때）」의 형태도 쓰인다. ★★

① その亀は子どもたちにいじめられていたところを、太郎に助けられました。
② 犯人は逃げようとしたところを、警官に撃たれ、重傷を負いました。
③ A：おばさん、こんにちは。
　　B：あ、ちょうどいいところへ来た。ちょっと手伝って。

①

50　2、3日で食べきってください ★★★

どう使う？

「~きる(전부 다 ~하다)」는 '전부 ~하다, 끝까지 ~하다'라는 의미로 사용된다. 「~きれない(전부 다 ~할 수 없다)」는 '너무 많아서 전부 ~할 수 없다, 끝까지 ~할 수 없다'는 의미로 사용한다. 「疲れきる(매우 지치다)」「困りきる(몹시 난처해지다)」와 같이 특정 표현에 접속하여 '매우 ~하다'라는 의미로 사용되는 경우도 있다.

V-ます ＋ きる　전부 다 ~하다, 끝까지 ~하다

① この目薬は2週間で使いきってください。残ったら使わないで捨ててください。
② お菓子を作ったんですが、作りすぎて1人では食べきれないので、よかったらいかがですか。
③ 父はずっと残業が続いていて、疲れきった顔をしている。
④ 両親に反対されているけれど、歌手になる夢はどうしてもあきらめきれない。

やってみよう！

정답 별책 p.5

1) 地球上には数え（きる・きれる・きれない）ほど多くの生物がいる。
2) この本を全部読み（きる・きれる・きれない）のに、1か月はかかるだろう。
3) 私は1日100の単語なんて、とても覚え（きる・きれる・きれない）。
4) ピッチャーは最後まで一人で投げ（きる・きれる・きれない）ように体力をつけなければならない。

Check

정답 별책 p.6

1) 不要なメールは（読んだまま・読まずに）削除することが多い。
2) A：このビデオは同時に4つの番組が録画できるのよ。
   B：そんなにたくさん録画しても（見きれない・見たまま）よ。
3) 彼はカラオケに行くとマイクを（持ったまま・持たずに）離さないらしい。

まとめの問題

정답 별책 P.15

問題1 <문법 형식 판단>

次の文の（　）に入れるのに最もよいものを、1・2・3・4から一つえらびなさい。

1　テレビを買おうと思って店に行ったら、（　　）高くなかった。

　1　思っていたほど　　　　　　2　思うより
　3　思うかわりに　　　　　　　4　思わずに

2　夏休みは帰国できないので、その（　　）、両親を東京に呼ぶことにした。

　1　とおりに　　2　かわりに　　3　ように　　4　とたん

3　兄は両親に（　　）大学を決めてしまった。

　1　相談はもちろん　　　　　　2　相談するより
　3　相談するほど　　　　　　　4　相談せずに

4　弟は本当に疲れたらしく、服を（　　）ベッドで寝てしまった。

　1　着るかわりに　2　着たまま　3　着るほど　4　着るように

5　この商品は手作りなので、注文が増えて対応（　　）困りますから、あまり宣伝していません。

　1　しきれないと　2　したとたん　3　したまま　4　しないほど

6　この大学の図書館は本校の学生（　　）、一般の方もご利用になれます。

　1　はもちろん　2　ほど　3　のまま　4　にたいして

7　この絵は世界的に有名な画家が描いたものだが、子どもが描いた絵（　　）見える。

　1　のように　2　のかわりに　3　のままに　4　ほどに

8　私は中学生になっても泣き虫だったので、よく母に「子ども（　　）すぐ泣くのはやめなさい」と言われました。

　1　のかわりに　2　はもちろん　3　みたいに　4　ほど

| 9 | ちょうどスキーに行きたいと（　　　）、友だちから誘いの電話がかかってきた。

1　思ったまま　　　　　　　　2　思っていたところに
3　思わずに　　　　　　　　　4　思っているように

問題2　<문장 완성>

次の文の＿★＿に入る最もよいものを、1・2・3・4から一つえらびなさい。

| 1 | 明日は、胃の＿＿＿　＿＿＿　＿★＿　＿＿＿来てください。

1　あるので　　2　食べずに　　3　朝食を　　4　検査が

| 2 | Mのコンサートチケットを買おうとしたが、＿＿＿　＿＿＿　＿★＿　＿＿＿買えなかった。

1　売りきれて　　2　10分で　　3　発売開始から　　4　しまって

| 3 | 大学に入ってから一人暮らしで、＿＿＿　＿＿＿　＿★＿　＿＿＿しなければならないのでけっこう忙しいんです。

1　そうじや　　2　洗濯も　　3　もちろん　　4　勉強は

| 4 | 今日の相手チームは、＿＿＿　＿＿＿　＿★＿　＿＿＿ないから、勝てるかもしれない。

1　ほど　　2　チーム　　3　強く　　4　昨日の

問題3　<글의 문법>

次の文章を読んで、文章全体の内容を考えて、| 1 |～| 4 |の中に入る最もよいものを、1・2・3・4から一つ選びなさい。

　　今日は、火を| 1 |できるとても簡単なデザートをご紹介します。材料は、ヨーグルト（200グラム）、生クリーム（50グラム）、砂糖（20グラム）だけです。
　　まず、ふきんを敷いたざるにヨーグルトをのせて、その下| 2 |ボウルを置きます。そのまま冷蔵庫に一晩入れておきましょう。ヨーグルトから水分が出て、豆腐の| 3 |固さになります。あとは、生クリームと砂糖を混ぜれば完成です。

> フルーツと一緒に食べるの　| 4 |　パンに塗って食べてもおいしいです。

| 1 |　**1** 使わない　**2** 使わずに　**3** 使うまま　**4** 使うほど

| 2 |　**1** に　**2** が　**3** で　**4** を

| 3 |　**1** ようだ　**2** ように　**3** ようで　**4** ような

| 4 |　**1** について　**2** にかわって　**3** はもちろん　**4** によって

問題4　<청해>

1　この問題では、まず質問を聞いてください。そのあと、問題用紙を見てください。読む時間があります。それから話を聞いて、問題用紙の1から4の中から、最もよいものを一つえらんでください。

　1 女子学生に宿題を見せてもらうから
　2 男子学生が宿題を見せてあげるから
　3 女子学生はいつも成績が悪いから
　4 男子学生は成績がよかったから

🔊 26

2　この問題では、問題用紙に何も印刷されていません。まず文を聞いてください。それから、その返事を聞いて、1から3の中から、最もよいものを一つえらんでください。

| 1 |　**1**　**2**　**3**　🔊 27

| 2 |　**1**　**2**　**3**　🔊 28

| 3 |　**1**　**2**　**3**　🔊 29

| 4 |　**1**　**2**　**3**　🔊 30

6 里山について (1)
마을 숲에 대하여 (1)

できること

● 환경 문제 등 어떤 테마에 대한 발표에서 문제 제기를 하고 자신의 의견을 말할 수 있다.

🔊 31

　私たちは自然の**おかげ**でおいしい空気や水に恵まれ、四季**を通じて**美しい風景を楽しんでいます。皆さんもこのすばらしい自然環境を守りたいと思い**ませんか**。
　自然保護**というと**、自然をそのまま残す**べき**だと考える人もいるかもしれません。しかし、私たちが自然を上手に利用して、人**にとって**いい環境を作ることで、自然もいい状態を保てることもあるのです。

51　自然のおかげで　★★★

どう使う？

「〜おかげ(〜덕분)」는 '〜이 원인이 되어 좋은 결과를 얻었다'라는 감사함을 표현할 때 사용한다.

PI ＋ おかげ（で）　〜덕분(에)
[**なA** だな　**N** だの]

86

① 今年の夏は新しいエアコンのおかげで快適に過ごせた。
② 子どもの病気が治ったのは山下先生のおかげです。
③ みんなが手伝ってくれたおかげで、引っ越しが早く済んだ。
④ 気候が温暖なおかげで、この辺りで作られるみかんは甘くておいしいと評判です。
⑤ A：お元気ですか。
　 B：はい、おかげさまで。🔗

やってみよう！

정답 별책 P.6

1）車で（送っていただいた・送られた）おかげで約束の時間に間に合いました。
2）最近運動しても息が切れなくなったのは、（禁煙する・禁煙した）おかげだと思います。
3）父の会社が倒産したが、奨学金の（おかげで・ために）勉強を続けることができた。
4）JR山手線は現在、強風の（おかげ・ため）、運転を見合わせております。

52　四季を通じて ★

どう使う？

「～を通じて／～を通して(～동안)」는 '～동안 계속'이라는 의미를 나타낼 때, 「一年(1년)・四季(사계절)・一生(평생)」 등의 표현과 함께 쓰인다.

[시간을 나타내는 말] ＋ ┌ を通じて　～동안, ～내내
　　　　　　　　　　　└ を通して　～동안, ～내내

① 京都は1年を通じてたくさんの観光客が訪れる。
② 工場内は年間を通じて、気温・湿度が一定に保たれています。
③ 弟は中学の3年間を通して、無遅刻、無欠席だった。

👉 26 野菜作りを通して

53 守りたいと思いませんか

どう使う?

「〜ませんか／〜ないですか／〜ありませんか(〜지 않습니까?)」는 '저는 〜라고 생각하는데, 당신도 같은 생각이죠?'라고 청자에게 동의를 구할 때 쓴다. 가까운 사람과의 대화에서는 「〜ない?(〜지 않아?)」의 형태를 자주 사용한다. 남성들은 「〜ないか(〜지 않아?)」를 쓰는 경우도 있다.

```
V-ます    + ませんか    ~지 않습니까?
いA  ﾋﾞく
なA  じゃ  +  ないですか    ~지 않습니까?
N    じゃ     ありませんか   ~지 않습니까?
```

① A：最近、自転車通勤する人が増えていませんか。
   B：そうですね。昔は少なかったのに…。
② A：ちょっと寒くないですか。
   B：そうですね。窓、閉めましょうか。
③ A：この上着、だれのですか。
   B：佐藤さんのじゃありませんか。佐藤さん、さっきそこに座ってましたから。
④ A：ねえ、いいにおいがしない?
   B：うん、する。あ、あそこにパン屋さんがあるよ。
⑤ A：あの人、営業の本田さんじゃない?
   B：え!? あ、ほんとだ!
⑥ A：ねえ、この時計、かわいくない?
   B：うん。でも、ちょっと高くないか?

やってみよう!

정답 별책 P.6

1) このホームページ、イラストを入れたら、見やすくなりませんか。
   a　イラストを入れたほうがいいと思っている。
   b　イラストを入れないほうがいいと思っている。

2) A：毎日残業で、仕事つらくないですか。
   B：いえ、好きな仕事ですから、ぜんぜん…。

a　AさんはBさんの仕事が大変だろうと思っている。
　　b　AさんはBさんの仕事が楽しいだろうと思っている。

3）A：部長の許可をもらわないで契約を進めて、問題ありませんか。
　　B：大丈夫だよ。Aさんは心配しすぎだよ。
　　a　Aさんは契約を進めたら、トラブルになると思っている。
　　b　Aさんは契約を進めれば、順調に進むと思っている。

4）ウェディングドレスはレンタルもあるし、買わなくてもよくない？
　　a　ドレスを借りたほうがいいと思っている。
　　b　ドレスを買ったほうがいいと思っている。

5）大学生にこの問題は簡単すぎじゃない？
　　a　大学生にはこの問題は簡単じゃないと思っている。
　　b　大学生にはこの問題は簡単だと思っている。

54　自然保護というと　★★

どう使う？

「〜というと／〜といえば／〜といったら(〜라고 하면)」는 화제에 오른 내용으로부터 바로 떠오르는 이미지를 말할 때 사용한다. 유명한 것이나 대표적인 것을 나타낼 때가 많다.

N ＋　というと　　〜라고 하면
　　　　といえば　　〜라고 하면
　　　　といったら　〜라고 하면

① 日本の花というと、桜がすぐ頭に浮かぶ。
② 外国人に人気のある観光地といえば、やはり京都でしょうか。
③ ファストフードといえば、何といってもハンバーガーだろう。
④ 冬のスポーツといったら、やっぱりスキーだよね。

①

やってみよう！

정답 별책 P.6

1) 日本の山といえば（　　　　　　）だ。
2) 私の国の有名なものというとまず（　　　　　　）を思い出す。
3) 世界中で人気があるスポーツといったら、何といっても（　　　　　　）でしょう。

55　そのまま残すべきだ ★★

どう使う？

「〜べき(〜해야 한다)」는 일반적으로 '〜하는 것이 당연하다, 〜하는 것이 옳다'라는 의미로 사용된다. '〜하지 않는 것이 당연하다'라고 표현할 때는 「〜するべきではない(〜해서는 안 된다)」라고 쓰지만, 강한 어감의 표현이기 때문에 상대에게 쓸 때는 주의하는 것이 좋다.

V-る ＋ ┌ べきだ　〜해야 한다
　　　　└ べき ＋ N　〜해야만 하는

＊「するべき」는「すべき」라고도 쓰인다.

① 人にお金を借りたらすぐに返すべきだ。
② 上司に相談するべきかどうか悩むことがある。
③ 慣れない人は雪道で車の運転をするべきではないと思う。
④ 特に問題がなくても仕事の経過は上司に報告すべきですよ。
⑤ やるべきことはすべてやったんだから、自信を持って試合にのぞめばいいよ。

> 「〜べきだった(〜할 걸 그랬다)」는 '〜하는 것이 좋았는데 하지 않은 것을 후회하고 있다'라고 표현하고 싶을 때 사용한다. ★★
> ① もっと早く試験の準備をしておくべきだったなあ。
> ② 面接試験の前に思ったことは、社会の様子を知るために毎日、新聞を読んでおくべきだったということでした。

やってみよう！

정답 별책 P.6

1) 正しいと思ったことは、遠慮しないではっきり言うべきですよ。
   a　自分の意見をきちんと言ったほうがいいと思っている。
   b　私はいつも正しい意見を言おうと思っている。

2) カメラの電池が切れてしまった。朝、充電しておくべきだったなあ。
   a　充電しなかったので、後悔している。
   b　充電しておくのは、当然のことだ。

3) 守れない約束はするべきではないと思う。
   a　約束を守れなかったから後悔している。
   b　守れないなら約束しないほうがいいと思う。

56　人にとっていい環境　★★★

どう使う？

「〜にとって…(〜에게 있어서…)」는 '〜의 입장에서 봤을 때 어떤지'를 표현할 때 사용된다. 뒤에는 「難しい(어렵다)・大切だ(소중하다)」 등 평가를 나타내는 표현이 이어진다.

N ＋ にとって（は／も）　〜에게 있어서(는/도)

① 今回の旅行は私にとって忘れられない思い出になるだろう。
② 農家にとって天候不順は深刻な問題だ。
③ だれにとってもいちばん大切なものは健康だと思います。
④ ネットショッピングは、消費者にとっても、企業にとっても便利なシステムだ。
⑤ 都会は、いろいろなものがあって、若者にとっては楽しいところだろう。

やってみよう！

정답 별책 P.6

1) 女の人（にとって・に対して）年齢を聞かれるのはいやなものらしい。

2) エネルギー問題は人類（にとって・について）大きな課題だ。
3) 市役所建設計画（にとって・に対する）皆様からのご意見をお待ちしております。
4) 駅前の自転車放置問題（にとって・について）警察はどう考えているのだろうか。

> !
> 「賛成(찬성)・反対(반대)」「好き(좋다)・嫌い(싫다)」 등 어떤 대상에 대한 태도를 나타내는 표현에는 조사「は(은/는)」를 쓰며,「～にとって(~에게 있어서)」는 사용할 수 없다.
> A：新しい空港の建設についてどう思いますか。
> B：私は反対です。この地域の住民にとって、メリットは少ないですから。

やってみよう！

정답 별책 P.6

1) 私（は・にとって）このまんががいちばん好きだ。
2) この人形は古くて汚れているが、私（は・にとっては）大切なものだ。

Check

정답 별책 P.6

1) 医学の進歩の ＿＿＿＿＿＿＿＿＿ 平均寿命が延びた。
2) 夏の食べ物 ＿＿＿＿＿＿＿＿＿ うなぎという人が多いだろう。
3) 悪いことをしたら正直に謝る ＿＿＿＿＿＿＿＿＿。
4) 大型ショッピングセンターの建設は、町の人々 ＿＿＿＿＿＿＿＿＿
　 いいことばかりではない。
5) 有給休暇を取らない人が多いそうですね。日本人はまじめすぎる
　 ＿＿＿＿＿＿＿＿＿。

| おかげで　にとって　んじゃないですか　べきです　といえば |

里山について (2)
마을 숲에 대하여 (2)

できること

● 환경 등 어떤 테마에 대하여 구체적인 예부터 결론까지 이야기하고, 전체적으로 정리하며 발표할 수 있다.

본문 해석 보기

🔊 32

　皆さんは日本の「里山」というのを知っていますか。日本人は家の近くの山や森を里山と呼んで、利用してきました。例えば人が里山の木を切ると森の中に太陽の光が十分に届くようになります。それで森が元気になって、残った木が大きく育ちます。木が**育てば**育つ**ほど**、木の根が大きく広がって、大雨**による**山崩れなどの自然災害も減ります。人と自然が共存する里山はすばらしいと思いませんか。

　里山は田舎**ばかりでなく**東京**にも**あります。私は里山へ行く**たびに**、人と自然の関係を考えます。皆さんも行けばきっとそのすばらしさがわかる**はず**です。そして環境について考えるきっかけになると思います。

57　木が育てば育つほど　★★

どう使う？

「〜ば〜ほど(〜하면 〜할수록)」는 같은 말을 반복 사용하여 '한쪽의 정도에 따라 다른 쪽도 함께 변한다'라는 의미로 사용한다.

```
V-ば  + V-る
いA -ければ + いA      + ほど   ～하면 ～할수록
なA なら + なA な
```

＊「N ／ なA ＋ であればあるほど(~이면 ~일수록)」의 형태도 쓰인다.

① 言葉を勉強すればするほどその国への理解も深まると言われている。
② 旅行の荷物は少なければ少ないほど楽なのに、つい持ち物が増えてしまう。
③ A：いつまでにお返事すればいいですか。
　　B：早ければ早いほどいいですよ。このアパートは条件がいいですからねえ。
④ まじめな政治家であればあるほど、理想と現実の違いに悩むことになる。

やってみよう！
정답 별책 P.6

1) 母親に勉強しろと言われれば言われるほど・　　・a 世の中は平和だということだ。
2) 今日は疲れたし体を休めなければと思えば・　　・b おもしろいと言う。
　　思うほど
3) 彼は数学の問題は難しければ難しいほど・　　　・c 寝られなくなる。
4) 警察がひまならひまなほど　　　　　　　　　　・d やりたくなくなる。

☞ 7 立っているのもつらい**ほど**
　44 もも肉**ほど**あぶらが多く**ない**
　111 これ**ほど**つらい風邪はひいたこと**ない**よ

58 大雨による山崩れ　★★

どう使う？

「～による(~에 의한)／によって(~에 의해서)」는 '~을 원인・이유로 무언가가 일어난다'는 의미로 사용한다.

```
N +  による   ～에 의한, ～로 인한
     によって  ～에 의해서, ～로 인해서
```

① 午前３時ごろ地震が発生しましたが、この地震による津波の心配はありません。

② 今回の大事故はスピードの出しすぎによるものだそうだ。
③ あの会社は新商品のヒットによって、一気に知名度が上がった。
④ 海外生活を経験したことによって、視野が広がった。

やってみよう！ 정답 별책 P.6

1) 営業時間を延長したことによって　・　　・a 病気になる人がいるらしい。
2) この工場は大雨による洪水の被害で、・　　・b 新しいチーム作りが必要になった。
3) 無理なダイエットによって　　　　・　　・c 店の売り上げが大幅に伸びた。
4) 大川選手の引退によって　　　　　・　　・d ほとんどの機械が使えなくなった。

☞ 21 インターネットによるお申し込み
83 人によってその楽しみ方はそれぞれだ

59　田舎ばかりでなく東京にも　★★★

どう使う？

「Aばかりでなく B(も)(A뿐만 아니라 B도)」는 'A는 물론 B도'라는 의미로 사용된다.

PI + ばかりでなく～も　～뿐만 아니라 ～도
[なA だな　N だ]

① 落語は最近、お年寄りばかりでなく若い女性にも人気が出てきた。
② あの会社の就職試験では一般常識や専門についての筆記試験ばかりでなく、グループディスカッションも行われるそうだ。
③ 野菜が値上がりしたのは、夏に気温が低かったばかりでなく、台風の被害もあったからしい。
④ 当社の社員食堂は安くておいしいばかりでなく、栄養のバランスもいいので評判になっています。
⑤ スポーツ選手は運動するばかりでなく、十分な休養をとることも大切だ。

やってみよう！

정답 별책 P.6

1) 少子化は日本ばかりでなく、　　・　　・a 設備も古いので、十分な治療ができない。

2) 商品開発には技術ばかりでなく、　　・　　・b 多くの国で問題になっている。

3) この病院は医者が足りないばかりでなく、　・　　・c コースの幅も狭いので初心者には危険だ。

4) このスキー場は斜面が急なばかりでなく、　・　　・d 他社にはないアイディアが要求される。

＋ Plus

〜ばかりか ★★

「〜ばかりか(〜뿐만 아니라)」라는 비슷한 표현도 있다.

① 今日は電車で足を踏まれたばかりか、かばんに入れておいたサンドイッチもつぶされてしまった。

② おじは学費ばかりか生活費まで全部出して、日本へ留学させてくれた。

☞ 41 遊んでばかりだった
69 卒業したばかりなんだから

60　里山へ行くたびに ★★★

どう使う？

「〜たび(に)(〜할 때마다)」는 '〜할 때는 항상'이라는 의미로 매번 반복해서 일어나는 것을 강조할 때 사용한다.

V-る / N の ＋ たび（に）　〜할 때마다

① 父は出張のたびにお土産を買ってきてくれる。

② 知り合いの子は会うたびに大きくなっていて、びっくりする。

③ 山に登るたびにもうやめたいと思うのに、頂上に着くたびにまた登りたいと思う。
④ 体重計に乗るたびにやせようと思うのだが…。

やってみよう！

1) コンビニで新しいお菓子を見る（とき・たびに）、つい買ってしまう。
2) 来週京都に出張する（とき・たびに）、この書類を持っていってください。
3) ふるさとは帰る（とき・たびに）高い建物が増えていて、知らない町のようだ。

61　すばらしさがわかるはずです　★★

どう使う？

「～はず(당연히 ～할 것이다)」는 확실한 이유를 바탕으로 '틀림없이 ～이다'라고 말할 때 사용한다.

PI ＋ はず　당연히 ～할 것이다
[**なA** だな　**N** だの]

① A：山田君、A社に資料送ってくれた？
　 B：はい、昨日速達で出しましたから、遅くても明日には着くはずです。
② A：来週接待を頼まれちゃって…。トルコからのお客様なんだけど。
　 B：じゃ、田中さんに手伝ってもらったらどう？トルコに留学していたからいろいろ知っているはずだよ。
③ となりのうちから変な音がするよ。今だれもいないはずなのに…。

やってみよう！

1) 会議の資料は、　　　　　　　　　・　　・a 犯人は2人のはずだ。
2) 昨日キムさんに地図を渡しておきま・　　・b 昨日田中さんが作っていましたか
   したから、　　　　　　　　　　　　　　　ら、もうできてるはずですよ。
3) あのホテル、改装工事をしてたから、・　　・c きっときれいになっているはずだ
   　　　　　　　　　　　　　　　　　　　　よ。
4) 現場の足跡を見ると、　　　　　　・　　・d 道はわかるはずですよ。

Check

1) 地震のあと国内 ＿＿＿＿＿＿ 海外からもたくさんのメッセージが届けられた。
2) 彼女は会う ＿＿＿＿＿＿ 違う髪型をしている。
3) 水不足 ＿＿＿＿＿＿ 農作物にかなりの被害が出ているそうだ。
4) 問題が難しくて考えれば考える ＿＿＿＿＿＿ わからなくなってしまった。
5) A：佐藤さん、今日会議があること、知っているのかな。
   B：メールの返事が来ていますから、来る ＿＿＿＿＿＿ ですよ。

   | たびに　　はず　　ほど　　によって　　ばかりでなく |

まとめの問題

問題 1　<문법 형식 판단>

次の文の（　）に入れるのに最もよいものを、1・2・3・4から一つえらびなさい。

1. このイベントが成功したのはスタッフ全員が力を合わせてがんばってくれた（　）です。
   1. おかげ　　2. ほど　　3. はず　　4. べき

2. うちの猫は、私がドアを開ける（　）外へ出ようとするので困ります。
   1. かわりに　　2. ばかりか　　3. たびに　　4. ままで

3. 今回の転勤は私（　）大きなチャンスだと思っています。
   1. にたいして　　2. にとって　　3. ばかりか　　4. によって

4. 子どもは元気であれば（　）けがをしやすいですから、お母さんがよく気をつけてあげてください。
   1. あるほど　　2. あるばかり　　3. あるはず　　4. あるなら

5. 現在、大雪（　）積雪の影響で電車のダイヤが大幅に乱れております。
   1. を通しての　　2. による　　3. ばかりか　　4. にとっての

6. 先輩に勉強を教えてもらった（　）食事もごちそうになってしまった。
   1. ばかりでなく　　2. おかげでなく　　3. ほどでなく　　4. はずがなく

7. 昨日クリーニングに出したセーター、今日の夕方できる（　）だから、帰りに取ってきて。
   1. はず　　2. べき　　3. ほど　　4. ため

8. クラシック音楽（　）やっぱりモーツァルトですね。
   1. にとって　　2. にたいして　　3. といえば　　4. という

問題2 <문장 완성>

次の文の　★　に入る最もよいものを、1・2・3・4から一つえらびなさい。

1　学生時代を＿＿＿　＿＿＿　★　＿＿＿第2の故郷です。
　　1　過ごした　　2　私　　3　この町は　　4　にとって

2　この本を読むと、日本の＿＿＿　＿＿＿　★　＿＿＿よくわかる。
　　1　考え方も　　2　文化　　3　日本人の　　4　ばかりでなく

3　あのレストラン、行く＿＿＿　＿＿＿　★　＿＿＿から、いつも楽しみにしているんだ。
　　1　新しい　　2　増えている　　3　メニューが　　4　たびに

4　地震はいつ起きるかわからないので、＿＿＿　＿＿＿　★　＿＿＿です。
　　1　べき　　2　しておく　　3　準備　　4　ふだんから

問題3 <글의 문법>

次の文章を読んで、文章全体の内容を考えて、　1　～　4　の中に入る最もよいものを、1・2・3・4から一つ選びなさい。

皆さんは男性の育児参加についてどう思いますか。
育児に参加したくても会社の評価が心配で育児休暇が取れない人がまだ多いようですが、子育ては家族　1　でなく、社会全体の問題として考える　2　です。
私は娘が生まれたときに、理解ある上司の　3　3か月間の育児休暇を取ることができました。子どもの世話をしながら父親であることを実感し、仕事をする意味も改めて感じられるようになりました。子育ての経験は仕事にも生かせる　4　だと私は信じています。

1　　1　ばかり　　2　おかげ　　3　たびに　　4　もちろん

2　　1　まま　　2　べき　　3　はず　　4　ほど

| 3 | **1** とおり | **2** かわりに | **3** ために | **4** おかげで |

| 4 | **1** まま | **2** べき | **3** はず | **4** ため |

問題4　<청해>

この問題では、問題用紙に何も印刷されていません。まず文を聞いてください。それから、その返事を聞いて、1から3の中から、最もよいものを一つえらんでください。

1	**1** **2** **3**	🔊 33
2	**1** **2** **3**	🔊 34
3	**1** **2** **3**	🔊 35
4	**1** **2** **3**	🔊 36
5	**1** **2** **3**	🔊 37
6	**1** **2** **3**	🔊 38

7 不動産屋で (1)

부동산에서 (1)

できること

● 점원의 정중한 설명을 이해하고 답할 수 있다.

본문 해석 보기

🔊 39

不動産屋：そうですねえ。そのご予算**ですと**、この2つぐらいでしょうかね。お時間がある**ようなら**、今からご案内しますが…。

佐藤：2つだけですか。

不動産屋：この辺りは最近人気が出**てきたん**ですよ。借りたい人が増えている**ものですから**、家賃も値上がりしているんです。

佐藤：そうなんですか。

不動産屋：こちら**なんか**いかがですか。ワンルームでちょっと狭いんですけど、駅に近くて便利**かと思います**が…。家賃は80,000円。もう1つは駅から歩いて15分かかりますが、1DKで新しくて広いのでおすすめです。家賃は68,000円ですね。

佐藤：そうですか。

62　そのご予算ですと ★★

どう使う？

「～ますと(～하면)／～ですと(～이면)」는 가게 등에서 조건을 정중하게 말할 때 사용된다.

Po ＋ と 　～하면, ～이면
[현재형만]

① 今月中にご入会されますと、1か月分の会費が無料になります。
② 午後5時前にご来店いただきますと、ドリンクを1杯サービスいたします。
③ 継続手続きをされませんと、再度入会金が必要になりますので、ご注意ください。
④ A：テニスコートを使いたいんですが、空いてますか。
　　B：今週ですと、水曜の午後なら空いています。

やってみよう！　　　　　　　　　　　　　　정답 별책 P.7

1) ここをまっすぐ行かれますと、・　　・a 50％のキャンセル料金をいただくことになります。
2) 航空便ですと、　　　　　　　　・　　・b 全商品、いつでも5％お安くなります。
3) お支払いに当店のカードを利用・　　・c 右手に受付がございます。
　 されますと、
4) 前日のキャンセルですと、　　　・　　・d 1週間くらいで届きます。

63　お時間があるようなら　★★

どう使う？

「～ようなら／～ようだったら(～할 것 같으면)」는 지금의 상황이나 모습을 관찰하고 말할 때 사용한다. 「歩けなかったら(걸을 수 없다면)」 대신에 「歩けないようだったら(걸을 수 없을 것 같다면)」라고 말하면 정중한 인상을 준다. 정중형인 「～ようでしたら(～할 것 같으시면)」를 사용하기도 한다.

Pl ＋ ┌ ようなら　～할 것 같으면
　　　　 └ ようだったら　～할 것 같으면
[なA だな　N だの]

① A：すみません。仕事がまだ終わらなくて、ちょっと遅くなりそうなんです。
　　B：そうですか。じゃあ、6時過ぎるようなら先に行ってますね。

7 不動産屋で (1) 103

② 熱が下がらないようだったら病院に行ったほうがいいですよ。
③ その仕事、今日終わらせるのが無理なようなら、明日でもかまいませんよ。
④ 子どもさんが音楽に興味がないようだったら、無理にピアノを習わせる必要はないと思います。
⑤ 特にご意見がないようでしたら、今日の会議はこれで終了いたします。

やってみよう！

정답 별책 P.7

1) となりの部屋の騒音が気になるようなら、 ・　　・a 大家さんに相談したほうがいいですよ。

2) これ以上迷惑メールが続くようだったら、 ・　　・b 客室乗務員にお知らせください。

3) 手荷物が荷物入れに入らないようでしたら、 ・　　・c アドレス変えたら？

4) 使ってみて具合が悪いようでしたら、 ・　　・d また修理にうかがいます。

64　人気が出てきたんです

どう使う？

「〜てくる(〜하기 시작하다)」는 지금까지 없었던 것이 나타나거나, 변화가 일어남을 나타낼 때 사용한다.

V-て ＋ **くる**　〜하기 시작하다, 〜해지다

① 朝から降っていた雨がやんで、ちょっと晴れてきた。
② 料理番組を見ていたら、おなかがすいてきた。
③ まあ、赤ちゃん、歯が生えてきましたね。かわいいですね。
④ 『だれでもやる気が出てくる数学』という参考書を買った。

☞ 8 どんどん登っていく

65　借りたい人が増えているものですから ★★

どう使う?

「〜もので/〜ものですから(〜이기 때문에)」는 나 자신에게 어떤 이유가 있어 지금의 상황이 된 것이라고 정중하게 설명할 때 사용한다. 친구와의 대화에서는 「〜もんで/〜もんだから」가 쓰인다.

PI + ┌ もので　〜이기 때문에, 〜해서
　　 └ ものですから　〜이기 때문에, 〜해서

[なA だな　N だな]

① 慣れないものですから、ご迷惑をおかけするかもしれませんが、どうぞよろしくお願いします。
② 余計な一言を言ってしまったものだから、取引先の部長を怒らせてしまった。
③ 出張中だったもので、先日の会議に出席できなくて、申し訳ございませんでした。
④ A：この間のメール、変換ミスがいっぱいあったよ。
　 B：ごめん。急いでたもんだから…。
⑤ A：遅かったね。
　 B：ごめん。途中で事故があったもんで…。

やってみよう!

정답 별책 P.7

1) A：プレゼン、内容はよかったんだけど、もう少し大きい声で話したほうがよかったんじゃないかな。
　 B：わかってるんだけど、(　　　)。
2) A：仕事、やっと終わったね。もう8時だし、晩ご飯食べていかない?
　 B：ごめん、今日はこれで帰るよ。(　　　)。
3) A：京都はいかがでしたか。
　 B：あまりゆっくりできなかったんですよ。(　　　)。

　　a　明日出張で、朝が早いもんで…
　　b　時間がなかったものですから…
　　c　英語は自信がないもんだから…

7 不動産屋で (1)

66　こちらなんかいかがですか

どう使う？

「～なんか(～같은 거)」는「～など(～같은 거, ～등)」대신에 사용한다. 상대에게 다른 것은 어떤지 제시할 때 사용하는 부드러운 표현이다. 상대방에게 판단을 맡기는 듯한 뉘앙스가 있으며, 「～なんて(～같은 거)」의 형태도 사용한다.

N ＋ なんか　～같은 거, ～등

① こちらのセーターなんかいかがでしょう。この色は今年の流行色ですよ。
② A：運動したいと思うんですけど、なかなか…。
　　B：だれにでも簡単にできて、楽しめるスポーツもありますよ。ボウリングなんか
　　　いんじゃないですか。
③ スープにするなら、この肉なんかいいと思いますよ。
④ 温泉旅行のプレゼントなんてお年寄りにとても喜ばれますよ。

☞ 90　演劇なんかしても
　100　寝てなんかいられない

67　便利かと思いますが

どう使う？

「～かと思う(～일 거라고 생각하다)」는 자신의 생각을 소극적으로 전달할 때 사용한다. 접객이나 비즈니스의 상황에서 자주 쓰인다.

PI ＋ かと思う　～일 거라고 생각하다, ～같기는 하다
[**なA** だ　**N** だ]

① 今週はちょっと難しいですが、来週なら時間が取れるかと思います。
② こちらのほうがお似合いかと思いますよ。
③ A：報告書、もうできていますか。
　　B：すみません。明日までにはできるかと思うんですが…。
④ こちらのプランで問題はないかと思いますが、いかが
　　でしょうか。

Check

1) アンケートにお答えいただきます ____、抽選で豪華な賞品が当たります。
2) A：ごちそうさまでした。
　　B：食後にコーヒー ____ いかがですか。
3) 忙しかった ____ お返事が遅れて申し訳ありません。
4) 料理が全部食べきれない ____ 残りは持って帰ってください。

　　と　　なんか　　ものですから　　ようなら

不動産屋で (2)
부동산에서 (2)

できること

● 친구와 최근의 변화에 대해서 이야기하거나 강하게 충고를 할 수 있다.

佐藤：ねえ、この部屋、便利でいいみたい。ちょっと高いけど…。
中山：そう？ ちょっとぐらい遠くても、住んでる**うちに**慣れるよ。大学卒業し**たばかり**なんだから、家賃、安いほうがいいんじゃない？
佐藤：でもやっぱり駅から近いほうがいいよ。ここにしようかな。
中山：そんなに簡単に決めないで、もう1つの部屋も見れ**ばいいのに**。
佐藤：そうね。すいません、この2つの部屋、見せ**てもらってもいいですか**。
不動産屋：ええ、もちろんです。では、今からご案内します。どうぞ。

68　住んでいるうちに慣れる

どう使う？

「〜うちに(〜하는 동안에)」는「説明を聞いているうちにだんだんわかってきた(설명을 듣는 동안에 점점 알게 되었다)」와 같이, 무언가를 하고 있는 사이에 자연스레 변화한다고 말할 때 쓴다. 또한「説明を聞いているうちに寝てしまった(설명을 듣는 동안에 자 버렸다)」와 같이 전에는 일어나지 않았던 일이 발생할 때에도 사용한다.

V-る
V-て いる] + うちに　~하는 동안에

* 「**V-ない** + うちに(~하기 전에)」의 형태도 사용된다.

① 今はまだ上手じゃなくても練習を重ねるうちにできるようになるよ。
② 何度も会っているうちに、相手のことがよくわかるようになった。
③ 留守にしているうちに、庭に雑草が生えてしまった。
④ 調査を進めるうちにその企業の問題点が明らかになった。

やってみよう！

정답 별책 P.7

1) 最初は変な歌だと思ったが、聞いているうちに、　　・　　・ a 私もそこへ行きたくなった。

2) 友だちの旅行の写真を見ながら、話を聞いているうちに、　　・　　・ b 何を決めるために話していたのかわからなくなってしまった。

3) 話し合いを続けるうちに、　　・　　・ c 寝てしまった。

4) 疲れていたので、本を読んでいるうちに、　　・　　・ d この歌が好きになった。

☞ 81 花が残っている**うちに**

69　卒業したばかりなんだから　★★★

どう使う？

「~たばかり(막 ~한 참)」는 무언가를 하고 나서 거의 시간이 얼마 지나지 않았음을 나타낸다. 「半年前に家を建てたばかり(반년 전에 막 집을 지은 참)」와 같이, 화자가 시간이 경과되지 않았다고 느끼는 경우에도 쓸 수 있다.

V-た + ばかり　막 ~한 참, ~한 지 얼마 안 됨

① 父は昨日退院したばかりなのに、今日から会社に出ている。
② 日本に来たばかりのころは、電車にも乗れませんでした。
③ A：もうタイ語、読めるようになった？
　 B：ううん。まだ習い始めたばかりだから…。

④ 引っ越してきたばかりで、近所に住んでいる人がまだよくわからない。
⑤ あれ、あの人の名前何だっけ？ さっき聞いたばかりなのに…。

やってみよう！

정답 별책 p.7

1) A：旅行に行きたいなあ。
   B：(   )

2) A：ケーキ、いかがですか。
   B：(   )

3) A：電球、また切れちゃった。
   B：(   )

4) A：あー、疲れた。
   B：(   )

---
a　さっき休憩したばかりでしょ。
b　さっきご飯を食べたばかりなので…。
c　先月沖縄に行ったばかりじゃない。
d　え？ 替えたばかりなのに？

☞ 41 遊んでばかりだった
　 59 田舎ばかりでなく東京にも

70　見ればいいのに ★★★

どう使う？

「〜ばいいのに(〜하면 좋을 텐데)」는 자신의 바람과는 다른 현재 상황을 유감스럽게 생각할 때 사용한다. 상대방의 행동에 대해 다소 비판적으로 강하게 재촉할 때에 사용하는 경우도 있다.

V-ば
いA ~~け~~ れば　　＋ いいのに
なA なら　　　　　　〜하면 좋을 텐데
N なら

V-~~な~~ ければ
いA ~~く~~ なければ　＋ いいのに
なA じゃなければ　　〜하지 않으면 좋을 텐데
N じゃなければ

① このバイト、時給がもう少し高ければいいのになあ。

② このかばん、高すぎるよ。半額ならいいのになあ。
③ もう帰るの？ もっとゆっくりしていけばいいのに。
④ またコンビニ弁当？ たまには自分で作ればいいのに…。

やってみよう！

정답 별책 P.7

1) 余計なことを言わなければいいのに。・　　・a 暗いところで本読むと目が悪くなるよ。

2) 電気つければいいのに。・　　・b 今からじゃ間に合わないよ。

3) 前もってちゃんと準備しておけばいいのに。・　　・c 言うからけんかになるんだよ。

4) たばこ吸わなければいいのに。・　　・d せきがもっとひどくなるよ。

71　見せてもらってもいいですか　★★

どう使う？

「～てもらってもいいですか(～해 줄 수 있겠습니까?)」는 상대방에게 양해를 구하며 '～해 주세요'라고 말하고 싶을 때 쓴다. 친하지 않은 사람에게는 공손하게 「～ていただきたいんですが…。(～해 주시면 좋겠습니다만….)」라고 말하는 것이 좋다.

V-て ＋ もらってもいいですか　～해 줄 수 있겠습니까?

① ファイルで送りますから、アドレス教えてもらってもいいですか。
② A：木村君、明日までにこのデータをまとめてもらってもいいかな。
　 B：はい、わかりました。

③ 悪いけど、ちょっとこの机運ぶの、手伝って
　もらってもいい？
④ すみませんが、もう一度説明していただいても
　いいですか。

③

やってみよう！

1) わあ、おいしそう。（食べても・食べてもらっても）いい？
2) これ、日本語に訳してみたんだけど、（見ても・見てもらっても）いいかな？
3) 届かないんだけど、あの棚の上の箱、（取っても・取ってもらっても）いい？
4) ねえ、お姉ちゃん。今度、友だちの結婚式があるんだけど、お姉ちゃんの服
　（借りても・借りてもらっても）いい？

Check

1) ごめん。ちょっと切符買ってくるから、この荷物
　（持っててもらってもいい・持てばいいのに）？
2) そんなに調子が悪いなら、今日は仕事を
　（休んだばかりなのに・休めばいいのに）。
3) 初めは慣れない仕事でも、（やっているうちに・やったばかりなのに）だんだん慣れますよ。

まとめの問題

問題1　<문법 형식 판단>

次の文の（　　）に入れるのに最もよいものを、1・2・3・4から一つえらびなさい。

1　A：え？ まだ10時なのに、もうお弁当食べてるの？
　　B：うん。朝ご飯食べなかった（　　）、おなかすいちゃったんだよ。

　　1　そうだから　　2　もんだから　　3　ようで　　4　かわりに

2　A：ご注文は以上ですね。
　　B：はい。足りない（　　）、またあとで注文します。

　　1　ようなら　　2　ばかりか　　3　おかげで　　4　かわりに

3　体調が悪かった（　　）、休ませていただきました。

　　1　ばかりなのに　　　　　　2　ものなのに
　　3　ばかりですから　　　　　4　ものですから

4　A：あーあ、明日からまた仕事かあ。
　　B：ほんと、もう1日休み（　　）ね。

　　1　ならいいのに　　　　　　2　みたいだ
　　3　じゃなさそうだ　　　　　4　のようだ

5　しばらく会わない（　　）髪が伸びましたね。

　　1　うちに　　2　ようなら　　3　たびに　　4　というと

6　A：今度発売されるパソコンって、すごいらしいよ。
　　B：えー！？ この間買い替えた（　　）なのに。もうちょっと待てばよかった。

　　1　おかげ　　2　ため　　3　ばかり　　4　まま

| 7 | 12月に（　　　）、チケットが取れない場合がありますので、お早めにお申し込みください。

1　なったばかりで　　　　2　なりますと
3　なればいいのに　　　　4　なるかわりに

問題2　<문장 완성>

次の文の＿★＿に入る最もよいものを、1・2・3・4から一つえらびなさい。

| 1 | こちらの着物は、＿＿＿＿＿　＿＿＿＿＿　＿★＿　＿＿＿＿＿、お写真とセットですと、3万円でたいへんお得です。

1　ですと　　2　ですが　　3　2万7千円　　4　レンタルだけ

| 2 | A：わー、大変だー！遅刻するー！
B：＿＿＿＿＿　＿＿＿＿＿　＿★＿　＿＿＿＿＿いいのに…。

1　10分　　2　早く　　3　あと　　4　起きれば

| 3 | A：明日の送別会、出席できる？
B：たぶん行けると思う＿＿＿＿＿　＿＿＿＿＿　＿★＿　＿＿＿＿＿よ。

1　けど　　2　ようなら　　3　連絡する　　4　遅れる

問題3　<글의 문법>

次の文章を読んで、文章全体の内容を考えて、| 1 |～| 4 |の中に入る最もよいものを、1・2・3・4から一つ選びなさい。

> ラジオ悩み相談
> 今日の相談者は26歳、会社員の方です。
>
> よく上司に飲みに誘われます。独身だから誘いやすいのかもしれませんが、趣味でやっているバンドの公演が近づいていて、練習したいのに、時間を取られて困っています。
> 同僚ははっきり| 1 |と言いますが、人事評価に影響するかと思うとなかなかできません。家族にも「おととい飲んだ| 2 |なのにまた？」な

> どとあきれられています。
> 飲みに行くのがコミュニケーションのために大切なのはわかっていますが、プライベートも大切にしたいんです。上司に私の気持ちを　3　のですが、どうしたらいいか困っています。

…というご相談ですが、正直にバンドの練習をしたいと伝えてみたらいかがですか。それでも理解してもらえない　4　、はっきり断るしかありませんが、まずは理解してもらえるように自分の気持ちを伝える努力をすることが大切だと思います。

1　1 断ればいいのに　　　　2 断れそうもない
　　3 断るはずだ　　　　　　4 断るらしい

2　1 ほど　　　2 くらい　　　3 だけ　　　4 ばかり

3　1 わかるような　　　　　2 わかるものですから
　　3 わかってほしい　　　　4 わかってやる

4　1 ようなら　　　　　　　2 ものですから
　　3 といったら　　　　　　4 ように

問題4　<청해>

この問題では、問題用紙に何も印刷されていません。まず文を聞いてください。それから、その返事を聞いて、1から3の中から、最もよいものを一つえらんでください。

1　1　2　3　　🔊 41

2　1　2　3　　🔊 42

3　1　2　3　　🔊 43

8 就職の面接

취업 면접

できること

● 초면인 사람에게 정중한 표현을 사용하여 인사나 대답을 할 수 있다.

🔊 44

リー：初めまして。中田先生から**ご紹介いただきました**リーと申します。本日は面接のチャンスをいただき、ありがとうございます。

山下：お待ちし**てました**。どうぞ。

リー：こちらのデザイン事務所は来日前から**存じ上げて**おり、ずっとあこがれておりました。本日はお目にかかることができて、たいへんうれしいです。

山下：メールで経歴などはお知らせいただきましたが、今日は、作品は**お持ちで**すか。

リー：はい、持ってまいりました。ご覧いただけます**でしょうか**。まだ勉強不足ですが、専門家**でいらっしゃる**先生にいろいろアドバイスいただければと思っております。※

山下：それでは、このデザインについて、5分程度でプレゼンテーションをお願いします。

リー：はい。では、始め**させていただきます**。よろしくお願いいたします。

※ 「〜ばと思います」는 누군가에게 정중하게 '〜하면 좋겠습니다'라고 말하는 표현이다.

72　ご紹介いただきました　★★

どう使う?

「お／ご～いただく(～해 주시다)」「お／ご～くださる(～해 주시다)」는 「～てもらう(～해 주다/～해 받다)」「～てくれる(～해 주다)」를 정중하게 말할 때 쓰는 표현이다.

お　＋　V-ます　　＋　いただく　～해 주시다
ご　＋　N　　　　　　くださる　～해 주시다

① 本日はお忙しい中、お集まりいただき、たいへん感謝しております。
② 最後までお聞きくださいまして、ありがとうございました。
③ 先生が先日ご紹介くださった本はたいへん参考になりました。
④ お手元にチケットをご用意いただき、こちらに並んでお待ちください。

やってみよう!

정답 별책 p.8

1) 本日はご来店くださいまして、　　・　　・a ご協力いただきました。
2) 今回の調査では多くの市民の皆様に、　　・　　・b 抽選で3名様にプレゼントいたします。
3) この教室は無料でご参加いただけますが、　　・　　・c 誠にありがとうございます。
4) ご応募くださった方の中から、　　・　　・d テキスト代はご負担ください。

73　お待ちしてました　★

どう使う?

「お待ちしてます(기다리고 있습니다)」처럼 공손하게 말할 때에도 「～てます(～하고 있습니다)・～ときます(～해 둡니다)・～ちゃいます(～해 버립니다)」와 같이 음을 생략하거나 형태를 바꿔 사용할 수 있다.

① A：田中さんどこにいるか知ってる？
　B：今、会議に出てますよ。
② A：おいしそうなお弁当だね。自分で作るの？
　B：はい、毎日作ってます。
③ A：この箱、どうしましょうか。
　B：じゃ、そこに置いといていただけますか。
④ 銀行に行かなきゃいけませんので、これで失礼します。
⑤ これ、もう使いませんよね。捨てちゃいますよ。

☞ 31 毎日練習してるんだ

74 来日前から存じ上げており ★★

どう使う？

상대방에게 존경을 표하면서 자신의 행위를 낮추어서 말할 때에「存じ上げる(알다)」등의 특별한 겸양 표현을 사용하는 경우가 있다.

◎ 겸양 표현

의미		겸양어	
会う	만나다	お目にかかる	만나 뵈다
見せる	보여 주다	お目にかける	보여 드리다
もらう	받다	ちょうだいする	받다
知る	알다	存じ上げる	알다
思う	생각하다	存じる	생각하다

① 久しぶりにお目にかかるのを楽しみにしています。
② A：うちの営業部の田中をご存知ですか。
　B：はい、よく存じ上げています。
③ A：まあ、一杯。
　B：はい、ちょうだいします。

やってみよう！

1) ただいまよりお目に（かかります・かけます）のは小学生によるバンド演奏です。
2) A：本日はお時間をいただきありがとうございます。
   B：こちらこそ、わざわざ来て（さしあげて・いただいて）ありがとうございます。佐々木と申します。
   A：お名刺（さしあげます・ちょうだいします）。
3) A：あの方のお名前を（ご存知ですか・存じ上げますか）。
   B：さあ。よくお目に（かかります・かけます）が、お名前は（ご存知じゃありません・存じ上げません）。

75　作品はお持ちですか ★★

どう使う？

「お／ご～です（～하고 계십니다）」는 「～ている（～하고 있다）」의 공손한 표현으로 존경하는 상대에게 사용한다. 「待つ(기다리다)・持つ(가지다)」 등의 동사 이외에 「滞在(체재)・専攻(전공)・研究(연구)・担当(담당)・活躍(활약)」 등의 명사와 함께 사용된다.

お ＋ V-ます
ご ＋ N
＋ です　～하고 계십니다, ～하십니다

＊「見ます(봅니다)・寝ます(잡니다)」 등 ます형의 음절이 한 개인 동사에는 사용하지 않는다.

① お呼び出しいたします。鈴木一郎君のお母様、一郎君が迷子センターでお待ちです。
② 山川さん、保険証をお持ちですか。
③ 当ホテルには何日間ご滞在ですか。
④ 作家の上野先生は新聞、テレビなどでもご活躍です。

やってみよう!

정답 별책 P.8

1) もしもし、上田ですが、　　　　　　　　・　　・a どうお考えですか。
2) まだ時間になりませんが始めましょう。・　　・b 山田部長はもうお帰りですか。
3) 環境問題について　　　　　　　　　　・　　・c グローバル経営をご研究です。
4) 高山さんは大学で　　　　　　　　　　・　　・d 皆様、もうお集まりですから。

「お V-ます」의 형태로, 명시화하여 쓰는 경우도 있다.　★★
① ロープウェイをお待ちのお客様はこちらにお並びください。
② お降りの際は足元にご注意ください。

②

76　ご覧いただけますでしょうか　★★★

どう使う?

「~でしょうか(~할까요?)」는 정중하게 질문하거나 의뢰할 때 쓰는 표현이다.

Po
Pl　　+ でしょうか　~할까요?
[なA だ　N だ]

「~です」는「~です+でしょうか(~일까요?)」가 된다.
　よくなかったですでしょうか。　✗
　○よくなかったでしょうか。

① 山に登るとき、何か気をつけることがありますでしょうか。
② 何かアドバイスをお願いできませんでしょうか。
③ 部長、先日提出した報告書、ミスはなかったでしょうか。

④ 次回の打ち合わせは来週の火曜日でしたでしょうか。
⑤ 申し込みには何が必要でしょうか。

やってみよう！   정답 별책 P.8

> 例 これ、お願いしたいんですが、今お忙しいですか。
> →（　お忙しいでしょうか　）。

1）どれくらい時間がかかりますか。　→（　　　　　　　　　　）。
2）これ、1週間ぐらい貸していただけますか。　→（　　　　　　　　　　）。
3）山田さんをご紹介いただけませんか。　→（　　　　　　　　　　）。
4）今、お時間大丈夫ですか。　→（　　　　　　　　　　）。

77 専門家でいらっしゃる ★★

どう使う？

「～ていらっしゃる(～하고 계시다)」는 「～ている(～하고 있다)」의 존경 표현이다. 또한 명사를 높여 말할 때 「～です(～입니다)」 대신 「～でいらっしゃる(～이시다)」를 사용하기도 한다.

V-て
なA で　　＋ いらっしゃる　～하고 계시다, ～이시다
N で

① 外国に住んでいらっしゃる方にアンケートをお願いしました。
② 先生がどう思っていらっしゃるか、よくわかりません。
③ 奥様は音楽の先生でいらっしゃいます。
④ お客様があちらでお待ちでいらっしゃいます。
⑤ 伊藤先生はご専門分野だけでなく、多方面でご活躍でいらっしゃいます。

やってみよう！   정답 별책 P.8

1）皆様、お元気で（いらっしゃいます・ございます）か。私たちは元気にして（いらっしゃいます・おります）。

2) こちらは本日発売の新製品で（いらっしゃいます・ございます）。お肌のトラブルで悩んで（いらっしゃる・おる）方は、ぜひお試しください。
3) 皆さん専門家で（いらっしゃいます・ございます）から、たくさんのご意見を期待して（いらっしゃいます・おります）。

78　始めさせていただきます　★★★

どう使う？

「〜させていただく(〜하도록 하다)」는「〜させてもらう(〜하다)」의 정중한 표현이며,「〜させてくださる(〜하게 해 주시다)」는「〜させてくれる(〜하게 해 주다)」를 정중하게 말할 때 쓴다.

V-させる　て　+　いただく　〜(하도록) 하다
　　　　　　　　くださる　〜하게 해 주시다

① 出張に会社の車を使わせていただいてもかまいませんか。
② 明日、もう一度お電話させていただきます。
③ 以上で私の説明を終わらせていただきます。
④ そのお年寄りは昔の話をいろいろ聞かせてくださいました。

やってみよう！

정답 별책 P.8

1) すみません。今日早退（させて・して）いただきたいのですが…。
2) この作文をチェック（させて・して）いただきたいのですが…。
3) 週末にうちの会社で通訳のアルバイトを（させて・して）くださる留学生を探しています。
4) 午後から会議をするんですが、このプロジェクター、ちょっと（使わせて・使って）いただけますか。

☞ 12 飼わせてもらった

Check 📖

정답 별책 p.8

1

1) はじめまして。鈴木と申します。_____、光栄です。
   　　　　　　　　　　　　　　　　　　（会えて）

2) お客様からおほめの言葉を_____、たいへんうれしく思いました。
   　　　　　　　　　　　　　（もらって）

3) 本日はぜひ_____ものがあって、持ってまいりました。
   　　　　　（見せたい）

4) A：ABK商事の山田部長に会ったことがありますか。
   B：はい、よく_____おります。
   　　　　　（知って）

ちょうだいする　　お目にかける　　お目にかかる　　存じ上げる

2

1) A：これ、事務所へ運び（ましょうか・ますでしょうか）。
   B：そうですか。じゃ、お願いします。

2) A：もしもし、佐藤様はいらっしゃい（ましょうか・ますでしょうか）。
   B：はい、少々お待ちください。

3) 本日は（お集まりいただき・集まっていらっしゃって）、ありがとうございます。時間ですので、そろそろ始めたいと思います。

4) 本日、（ご講演させる・ご講演くださる）高橋先生は、写真家として世界各地で（ご活躍いただきます・ご活躍です）。

5) ただ今から当社の新製品について（紹介させて・紹介して）いただきます。

まとめの問題

問題 1 <문법 형식 판단>

次の文の（　　）に入れるのに最もよいものを、1・2・3・4から一つえらびなさい。

1 先ほど商品が届きました。すぐに（　　）、ありがとうございました。

　　1 送らせてさしあげ　　　　2 送らせていただき
　　3 送ってさしあげ　　　　　4 お送りいただき

2 皆様は日本の歌舞伎を（　　）ことがありますでしょうか。

　　1 ご覧になった　　　　　　2 お目にかけた
　　3 お目にかかった　　　　　4 拝見した

3 こちらで具体的な方法を（　　）いただき、後日ご連絡いたします。

　　1 検討して　　　　　　　　2 検討させて
　　3 ご検討　　　　　　　　　4 ご検討になって

4 A：失礼ですが、大山様（　　）か。
　　B：はい。大山です。

　　1 でいらっしゃいます　　　2 でございます
　　3 になります　　　　　　　4 がまいります

5 ファンの皆様に、この場をお借りして厚く御礼（　　）。

　　1 おっしゃいます　　　　　2 おっしゃっております
　　3 申しております　　　　　4 申し上げます

問題2 <문장 완성>

次の文の ___★___ に入る最もよいものを、1・2・3・4から一つえらびなさい。

1　申し訳ありませんが、調査の_____ _____ ★_____ _____でしょうか。
　　1　ちょうだい　　2　ための　　3　できます　　4　お時間を

2　今回の_____ _____ ★_____ _____くださった皆様に感謝いたします。
　　1　協力
　　2　ご
　　3　アンケート調査
　　4　に

3　山田部長、_____ _____ ★_____ _____いらっしゃってください。
　　1　応接室へ　　2　お客様が　　3　ですので　　4　お待ち

問題3 <독해>

次の文章を読んで、質問に答えなさい。答えは、1・2・3・4から最もよいものを一つえらびなさい。

> 日ごろ、当社の携帯電話をご利用いただき、誠にありがとうございます。お客様の携帯電話からのメールサービスは本年7月よりご利用いただけなくなりますので、6月末日までに、新しい機種に変更していただきますようお願いいたします。お客様にはたいへんご不便・ご迷惑をおかけいたしますこと、深くおわび申し上げます。皆様のご理解とご協力をお願いいたします。

このお知らせでいちばん伝えたいことは何ですか。

1　携帯電話の利用者に対する感謝の気持ち
2　6月までメールが使えること
3　新しい携帯電話に買い替えてほしいこと
4　迷惑をかけたことに対するおわびの気持ち

問題4 <청해>

この問題では、問題用紙に何も印刷されていません。まず文を聞いてください。それから、その返事を聞いて、1から3の中から、最もよいものを一つえらんでください。

1	**1 2 3**	🔊 45
2	**1 2 3**	🔊 46
3	**1 2 3**	🔊 47

9 お花見（1）
벚꽃 구경 (1)

> **できること**
> ● 친숙한 화제에 대해서 개인적인 생각이나 느낌을 표현할 수 있다.

毎年、桜の季節になると、いつ、だれと、どこにお花見に行くのかということは、私にとって大問題だ。

花が咲いて**からでなければ**意味がないから、「いつ」はもちろん最優先だ。私はまるで雪が降っている**かのように**落ちてくる花びらを見るのがいちばん好きだが、五分咲き、満開、散り始め、それぞれの良さがある。どちらにしても花が残っている**うちに**行かないと意味がない。見ごろの時期はとても短いので、いろいろと大変だ。

「だれと」と「どこに」はセットになる。「桜と言えば〇〇」という名所はもちろん素晴らしく、花見客**向け**にお茶会などの催しもあって楽しい。人**によって**その楽しみ方はそれぞれだが、私は数人の友人とワイワイ一緒に行くことが多い。

79 花が咲いてからでなければ ★★

どう使う?

「〜てからでなければ…／〜てからでないと…（〜하지 않으면…）」는 어떤 일을 한 이후가 아니면 불가능하다는 것을 말할 때 쓴다. 뒤에는 「難しい(어렵다)・できない(할 수 없다)」 등의 부정적인 표현을 사용한다.

V-て ＋ ┌ からでなければ　～하지 않으면
　　　　└ からでないと　　～하지 않으면

① この会社では、3か月の研修を受けてからでなければ正社員になれません。
② 大切なことは、両親に相談してからでなければ決められない。
③ 初めてコンタクトレンズを買うときは、眼科の検査を受けてからでないと買えません。
④ A：これ食べてもいい？
　 B：まだだめ。もう少し焼いてからでないと…。

やってみよう！　　　　　　　　　　　　　정답 별책 P.8

1) 入金を確認（してからでなければ・してから）、商品は発送できません。
2) このプロジェクトは事前に調査（してからでないと・してから）進めましょう。
3) インフルエンザが（治ってからでないと・治ってから）学校へ来てはいけません。
4) この薬は、食事を（してからでないと・してから）飲んでください。

80　雪が降っているかのように

どう使う？

「～かのよう(마치 ～인 것처럼)」는 실제로는 그렇지 않은데 마치 그러한 것처럼 느낀다고 말할 때 쓴다.

V-PI ＋ ┌ かのようだ　　（마치）～인 것 같다
　　　　├ かのように　　（마치）～인 것처럼
　　　　└ かのような ＋ N （마치）～인 듯한

＊「なA ／ N ＋ であるかのように」의 형태도 사용된다.

① リンさんの部屋はまるで泥棒が入ったかのように散らかっている。
② 4月なのにまるで冬に戻ったかのような寒い日が続いている。
③ このあたりは紅葉の名所で、秋になると山全体が燃えているかのように赤く染まります。
④ 犯人は警察に質問されて、事件のことを何も知らないかのように答えていた。
⑤ 山本さんは子犬をまるで自分の子どもであるかのようにかわいがっている。

☞ 27 パーティーのような楽しいイベント
　　42 本当のハムのように

81　花が残っているうちに　★★★

どう使う？

「〜うちに(〜일 때)」는 '어떠한 변화가 일어나기 전에 무언가를 하는 편이 좋다·하고 싶다·해 주세요'라고 말할 때 쓰는 표현이다.

V-ない
V-て いる
いA
なA な
N の
＋ うちに　〜일 때, 〜하는 동안에, 〜하기 전에

① アイスクリームが溶けないうちに食べよう。
② 銀行が開いているうちに振り込みに行かなければならない。
③ 「鉄は熱いうちに打て」ということわざは「若いうちにきたえた ほうがいい」という意味だ。
④ 子どものうちに、外国語を習わせたほうがいいという意見もある。
⑤ この魚はいたみやすいので、新鮮なうちに港に運ばれ、すぐ加工 される。

やってみよう！

정답 별책 p.9

1) A：ねえ、お兄ちゃんが（出かける・出かけている）うちに、ケーキ食べちゃおう。
　　B：うん。
2) 大事なことは、（忘れる・忘れない）うちにメモをしておきなさい。
3) お客様の顔を（覚える・覚えている）うちに、名刺の整理をしておこう。

 68 住んでいる**うちに**慣れる

82　花見客向けに　★

どう使う？

「〜向け(〜를 대상으로)」는 '어느 특정한 사람이나 그룹을 위한 것'이라는 의미이다.

Ⓝ ＋ ┌ 向けに　〜를 대상으로, 〜용으로
　　　├ 向けだ　〜대상이다, 〜용이다
　　　└ 向けの ＋ Ⓝ　〜대상의, 〜용인

① これは子ども向けの映画だが、大人にも人気がある。
② 最近の若い女性向けの雑誌はファッションやグルメの記事が多い。
③ 当社では輸出向けに左ハンドルの車を生産しています。
④ 最近は独身者向けのワンルームマンションがあちこちに建てられている。

＋ Plus

〜向き

본래 지니고 있는 성질에 대해서 말할 때에는「〜向き(〜에 적합한)」를 사용한다.
① 彼女はアニメの声優向きの声をしている。
② この山は、道が狭くてけわしいので経験者向きです。
③ この服はかっこいいけれど仕事向きじゃないから買わないことにした。

83　人によってその楽しみ方はそれぞれだ

どう使う？

「〜によって(〜에 따라서)」는 사람이나 장소, 시간 등에 따라 각기 다르다는 것을 말할 때 쓴다.

Ⓝ ＋ ┌ によって　〜에 따라서
　　　└ による ＋ Ⓝ　〜에 따른

＊「〜かによって(〜냐에 따라)・〜かどうかによって(〜여부에 따라)」의 형태도 사용된다.

① いろいろな人がいるのだから、人によって好みや考え方が違うのは当然だ。
② スーパーでは曜日によって特売品を設定するなど、集客のための工夫をしている。

②

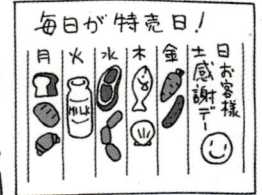

③ コンビニでは地域によってお弁当などの味つけを変えているそうだ。
④ この調査結果を見ると、世代によるインターネットの利用目的の違いがわかります。

「場所によっては電話がつながらないところもある(장소에 따라서는 전화가 연결되지 않는 곳도 있다)」와 같이, 어떠한 경우에는 특별한 상황이 된다는 것을 말하고 싶을 때에도 쓴다. ★★

① この薬は人によっては副作用が出ることがあります。
② 参加者の人数によっては、会場を変更するかもしれません。
③ 台風の進路によっては交通機関に影響が出る場合もあります。

やってみよう！

정답 별책 p.9

1) 私が受験する大学は、学部によって・　　・a 宿泊料金が変わる。
2) このホテルは何日前に予約するかに・　　・b 店のメニューが変わる。
   よって
3) 私がときどき行く料理屋は当日仕入・　　・c 雪になるでしょう。
   れた食材によって
4) 検査の結果によっては　　　　　　・　　・d 入学試験の日が違う。
5) 明日は雨、ところによっては　　　・　　・e 手術が必要になるかもしれません。

2)

☞ 21 インターネット**による**お申し込み
　58 大雨**による**山崩れ

9 お花見 (1) 131

Check

정답 별책 P.9

1) 最近は、お年寄り ＿＿＿＿＿＿ の操作が簡単な携帯電話があるから、祖母もほしいと言っている。
2) ちゃんと準備体操をして ＿＿＿＿＿＿ 泳いではいけません。
3) お茶、冷めない ＿＿＿＿＿＿ どうぞ。
4) あの俳優は、演じる役 ＿＿＿＿＿＿ 印象がぜんぜん違う。

| からでないと　　向け　　によって　　うちに |

9 お花見(2)
벚꽃 구경 (2)

できること

● 특별히 마음에 두고 있는 것에 대해서 자신의 기분을 표현할 수 있다.

見ごろになると、友だちのだれかからだいたい仕事の**最中**に電話がかかってきて、「今日行く?」と聞かれる。やりかけの仕事が残っていても、行か**ずにはいられなくなっ**て、「行く、行く」と答えてしまう。当然、帰ってきてから夜中まで仕事をすることになる。

また、毎年必ず行くお気に入りの場所がある。名所と言われるところではないが、そこは静かで、それほど人も多くなく、ゆっくり桜を楽しみたい人向きだ。そこには家族とのんびり行く。

そして、一人で買い物の途中に見る家の近くの桜もうれしい。どんなに急いでいても、桜の木の下で足を止めて、ちょっと見上げるこの時間は大切にしたいと思う。

84 仕事の最中に ★★

どう使う？

「〜最中(한창 〜인 때)」는 마침 무언가를 하고 있을 때 생각지도 못한 일이 일어난 상황에서 쓰는 표현이다. 방해받고 싶지 않은 상황일 때에 자주 사용된다.

| V-て いる | | 最中に | 한창 ~인 때에, 한창 ~하는 중에 |
| N の | + | 最中だ | 한창 ~인 때이다, 한창 ~하는 중이다 |

① 面接の最中におなかが鳴ってしまった。
② 引っ越しの最中に飼っている犬が逃げ出して、大騒ぎになった。
③ データを入力している最中に、コンピューターがフリーズしてしまった。
④ この扉の向こうでは、連続殺人事件の裁判が行われている最中です。

やってみよう！ 　　　　　　　　　　　　　　　　　　　정답 별책 P.9

1) 漫画家になると決心したのですから、絶対に（途中・最中）であきらめません。
2) 検査の（うち・最中）に、急に気分が悪くなって看護師を呼んだ。
3) 試験が終わってから結果発表までの（間・最中）ずっと緊張していた。
4) プレゼンテーションの（うち・最中）に家族から緊急の連絡があった。
5) 先生が来ない（うち・最中）に宿題見せて。

85　やりかけの仕事　★★

どう使う？

「～かけ(~하다가 만)」는 무언가를 하기 시작해서 아직 종료되지 않은 상태를 말할 때 쓴다.

| V-ます | + | かけだ | ~하다가 말다 |
| | | かけの ＋ N | ~하다가 만 |

＊「～かけた(~하려다 그만두다)・～かけて(~하다가 말고)」의 형태도 사용된다.

① 弟の部屋には作りかけのプラモデルがいくつもある。
② 図書館で借りた本、まだ読みかけだったのに返却日になってしまった。
③ A：レポートできた？
　B：ううん。ゆうべ途中まで書きかけたんだけど…。
④ セーターを編みかけて、途中であきらめたことが何度もある。

やってみよう！ 　　　　　　　　　　　　　　　　　　　정답 별책 P.9

1) A：冷蔵庫にあった（食べかけの・食べかけて）アイスクリーム、知らない？
　B：食べちゃったよ。

2) 彼ははずかしそうに、何か（言いかけの・言いかけて）やめた。
3) 日本語で手紙を（書きかけた・書きかけだ）けど、難しかったので、途中であきらめて、英語で書くことにした。

86　行かずにはいられなくなって ★

どう使う？

「〜ずにはいられない（〜하지 않고는 견딜 수 없다）」는 '더 이상 참을 수 없어서 〜해 버릴 수밖에 없는 상황'이라는 것을 말할 때 사용한다.

V-ない ＋ ずにはいられない　〜하지 않고는 견딜 수 없다, 〜하지 않고는 참을 수 없다

＊「する」→「せずにはいられない」

① A：蚊に刺されたところ、かいちゃだめだよ。
　　B：そう言われても、かゆくてかかずにはいられないんだよ。
② A：人の間違いを笑ったら失礼よ。
　　B：でも、笑わずにはいられないよ。
③ A：木村さんがあんな大声を出したから、びっくりしたよ。
　　B：友だちの悪口を言われて、怒らずにはいられなかったんだろうね。
④ 一流の水泳選手はみんな、毎日練習せずにはいられないらしい。

➕ Plus

〜ないではいられない ★

「〜ないではいられない（〜하지 않고는 있을 수 없다）」도 동일하게 쓰인다.

V-ない ＋ ではいられない　〜하지 않고는 있을 수 없다

① 彼女は毎日ケーキを食べないではいられないらしい。
② お祭りだと言われると、行かないではいられなくなってしまう。

Check 📖

정답 별책 P.9

1) 数を（数えている最中に・数えてからでないと）話しかけられて、どこまで数えたかわからなくなってしまった。

2) この（吸いかけの・吸わずにいられない）たばこはだれのですか。危ないですよ。

3) おしゃべりな洋子さんは、人のうわさを聞くと
（話している最中・話さずにはいられない）らしい。

まとめの問題

問題1 <문법 형식 판단>

次の文の（　）に入れるのに最もよいものを、1・2・3・4から一つえらびなさい。

1　申し訳ありませんが、部長に（　　　）、お答えできません。
　　1　聞くと言えば　　　　　　　2　聞いているうちに
　　3　聞きかけで　　　　　　　　4　聞いてからでなければ

2　映画を見ている（　　　）携帯電話が鳴って、あせった。
　　1　おかげで　　2　べきで　　3　最中に　　4　とおりに

3　国（　　　）休日が違うので、外国製のカレンダーを使うときは気をつけよう。
　　1　によって　　2　にとって　　3　にたいして　　4　について

4　弟は（　　　）ノートがたくさんあるのに、また新しいノートを買ってきた。
　　1　使い終わる　　2　使いかけの　　3　使うほどの　　4　使うかわりに

5　これは初心者（　　　）書かれたパソコンの本です。
　　1　にとって　　2　らしく　　3　向けに　　4　を通じて

6　肉まん買ってきたよ。温かい（　　　）どうぞ。
　　1　うちに　　2　ために　　3　ように　　4　とおり

7　私は、見る人が最後まで（　　　）ようなおもしろいドラマを作りたいと思っています。
　　1　見るはずがない　　　　　　2　見ずにはいられない
　　3　見るほどではない　　　　　4　見かけない

問題2　<문장 완성>

次の文の　★　に入る最もよいものを、1・2・3・4から一つえらびなさい。

[1] ほかの仕事をする前に、＿＿＿＿ ＿＿＿＿ ★ ＿＿＿＿ほうがいい。
　　1　しまった　　2　やりかけの　　3　終わらせて　　4　仕事を

[2] 学校で勉強した＿＿＿＿ ＿＿＿＿ ★ ＿＿＿＿おきましょう。
　　1　うちに　　2　ことは　　3　復習して　　4　忘れない

[3] 日本で正月に食べる料理＿＿＿＿ ＿＿＿＿ ★ ＿＿＿＿があるそうだ。
　　1　によって　　2　は　　3　地方　　4　特色

問題3　<글의 문법>

次の文章を読んで、文章全体の内容を考えて、 1 ～ 6 の中に入る最もよいものを、1・2・3・4から一つ選びなさい。

　　子どものころ、父はぼくを子ども　1　映画や遊園地に連れていってくれたことはない。　2　、野球場へはよく連れていってくれた。ルールも知らなかったぼく　3　、野球の楽しみといえば、売店で買ってもらう食べ物だった。
　　父は試合中に、自分のビールを買うときには、ぼくにも必ず何か買ってくれた。たまに、　4　味方チームの攻撃が始まり、応援しなければならなくなることもあった。ほかのものは　5　置いておけるが、アイスクリームのときは困った。あわてて食べるから、頭がキーンと痛くなった。
　　今、ビールを片手に大声　6　応援するぼくの横で、今年5歳になった息子がジュースを飲んでいる。アイスクリームは買わないから心配するな。でもお前も子どものころのぼくに似てアイスクリームが大好きなんだよな。

[1]　1　向けの　　2　にとって　　3　といえば　　4　かけの

[2]　1　さらに　　2　それから　　3　そのかわり　　4　そのうえ

[3]　1　によって　　2　にとって　　3　のかわりに　　4　に対して

4	1 食べている最中に	2 食べてからでなければ
	3 食べてから	4 食べたばかりで

5	1 食べたとたん	2 食べようとして
	3 食べるとおり	4 食べかけで

| 6 | 1 で | 2 に | 3 と | 4 を |

問題4 <청해>

1 この問題では、問題用紙に何も印刷されていません。この問題は、全体としてどんな内容かを聞く問題です。話の前に質問はありません。まず話を聞いてください。それから、質問と選択肢を聞いて、1から4の中から、最もよいものを一つ選んでください。

| 1 | 1　2　3　4 | 🔊 50 |

| 2 | 1　2　3　4 | 🔊 51 |

2 この問題では、絵を見ながら質問を聞いてください。矢印（→）の人は何と言いますか。1から3の中から、最もよいものを一つ選んでください。

　　　　　1　2　3　　　　　🔊 52

10 ゆきの選択(1)

유키의 선택 (1)

できること

● 장래의 전망에 대해서 자신의 의견을 강하게 주장할 수 있다.

🔊 53

ゆき：お母さん、ちょっと話があるんだけど。

母：何？

ゆき：私、大学をやめて、劇団の仕事に集中したいと思って…。

母：え!? そんなこと、できる**わけがない**でしょう。

ゆき：お母さん、ちゃんと私の話を聞いて。

母：演劇が好きなのはわかるけど、せめて大学を卒業してから考えたらどう？

ゆき：私にはこの仕事**しかない**って真剣に考えてるの。

母：でもね、ゆきのこと、心配している**からこそ**、言ってるのよ。演劇**なんか**しても、生活でき**っこない**でしょう。

ゆき：でも、大学を出た**からといって**、就職できる**とは限らない**よ。

87　できるわけがない　★★★

どう使う？

「〜わけがない(〜할 리가 없다)」는 어떤 사실을 근거로 그러한 일이 일어날 가능성은 절대 없다고 강하게 부정하고 싶을 때 사용한다. 「〜ないわけがない(〜하지 않을 리가 없다)」는 '반드시 〜한다'라고 자신을 가지고 말할 때 쓴다.

PI ＋ わけがない　～할 리가 없다, ～일 리가 없다
[**なA** だな　**N** だの]

① 相手は世界でトップのチームだし、がんばったって、勝てるわけがない。
② A：あれ？　あそこに座っている人、田中部長じゃない？
　　B：え？　違うよ。部長は今日から名古屋へ出張だから、部長のわけがないよ。
③ ちゃんと準備したんだから、プレゼン、うまく行かないわけがないよ。もっと自信を持たなきゃ。
④ A：山田さんは知らなかったと言っていますが…。
　　B：担当者は山田さんなんだから、知らなかったわけがないよ。

やってみよう！

 정답 별책 p.9

1）A：部屋代が安ければ、あのマンションに住みたいな。
　　B：駅から近いし、新しくてきれいだし、（安い・安くない）わけがないよ。
2）A：富士山に走って登る競走があるんだって。一緒に出ようよ。
　　B：だめだめ。トレーニングもしていないのに、走って（登る・登れる）わけがないよ。
3）1日に100個新しい言葉を覚えなさいって言われちゃった。そんなに（覚える・覚えられる）わけがないよね。
4）A：この本、こんなに仕入れちゃって大丈夫なんですか。
　　B：大丈夫さ。人気作家の最新作なんだから、（売れる・売れない）わけがないよ。

＋ Plus

～はずがない　★★

「～はずがない(～할 리가 없다, ～일 리가 없다)」도 동일하게 쓴다.

PI ＋ はずがない　～할 리가 없다, ～일 리가 없다
[**なA** だな　**N** だの]

①A：田中さん、海外転勤の話を断ったんだって。
　　B：えー！ずっと行きたがってたんだから、あの人が断るはずがないよ。
②A：ダンスなんて何がおもしろいの？　ぜんぜんわからない。
　　B：実際にやってみなければ、そのすばらしさはわかるはずがないよ。

88　この仕事しかない　★★★

どう使う？

「～しかない(～하는 수밖에 없다)」는 지금의 상황에서는 이것 이외에 방법이 없다, 이것이 가장 좋다고 말할 때 쓴다. 어쩔 수 없다는 심정으로 사용하는 경우도 많다.

V-る ┐
N   ┘ ＋ しかない　～하는 수밖에 없다, ～밖에 없다

① 入学試験まであと１週間。とにかくがんばるしかありません。
② 台風で飛行機は欠航だし、お金もないし、空港で１泊するしかない。
③ 全員が集まれるのは、金曜の午後しかありませんね。

やってみよう！

정답 별책 P.9

1) 終電もなくなり、タクシーも来ないから、・　　・a 休校にするしかないと先生は言った。

2) レポートは明日しめ切りなのに、まだ半分も・　　・b 食べたかったら並ぶしかないんです。
   できていないから、

3) インフルエンザで1/3以上の学生が欠席して・　　・c 歩いて帰るしかない。
   いるので、

4) あのレストランは予約は受け付けてくれない・　　・d 今日は徹夜するしかない。
   から、

➕ Plus

～ほか（は）ない　★★

「～ほか（は）ない(～할 수밖에 없다)」도 동일하게 사용한다.

V-る ＋ ほか（は）ない　～할 수밖에 없다

① 天候不順で、山頂まで行くのはあきらめるほかなかった。
② 薬では治せないから、手術するほかないだろうと医者に言われた。
③ 高層ビル建設に対する住民の反対運動が続いています。
　計画を変更するほかありません。

89 心配しているからこそ ★★

どう使う?

「~からこそ(~이니까)」는 '중요한 이유, 특별한 이유'라고 강조하고 싶을 때 쓰는 표현이다.

PI ＋ からこそ　~이니까, ~이기 때문에

＊「だからこそ(그렇기 때문에)」라는 표현도 있다.

① 大変なときだからこそ、協力することが大切なんです。
② いろいろな国の人たちと交流できたのは留学したからこそだと思います。
③ A：今度のプロジェクトは、私には無理だと思うんですが…。
　　B：いや、難しいからこそ、ぜひ君にやってもらいたいと思っているんだ。
④ 人生は思い通りにいかないことが多いですが、だからこそおもしろいんですよ。

やってみよう!

정답 별책 P.9

1) お互い信頼関係があるからこそ、どんな問題に対しても ・　　・a 優勝できたんです。
2) 皆さんの応援があったからこそ、　　　　　　　　　　 ・　　・b 国民に期待されたのだ。
3) 子どもが使うものだからこそ、　　　　　　　　　　　 ・　　・c 自由に意見が言い合えるのです。
4) 彼は非常に個性的な政治家だったからこそ、　　　　　 ・　　・d 安全なおもちゃを選びたい。

90 演劇なんかしても ★★★

どう使う?

「~なんか(~따위)」는 그다지 중요하지 않다고 생각되는 일을 말할 때 쓴다. 자신이 하는 일에 대해 사용할 경우 겸손의 의미를 나타내기도한다.

N ＋ なんか　~따위, ~같은 거

① テレビなんかなくても、パソコンがあれば困らない。
② 私は仕事が恋人だから結婚なんかしない。
③ N3なんか、ちゃんと準備すれば簡単だよ。

④ A：先月営業部で成績トップになったそうですね。すごいですね。
　 B：いえいえ、私なんか、まだまだです。

やってみよう！　　　　　　　　　　　　　　　　정답 별책 p.9

1) 国のためにと言っているけど、　　　　・　　・a 服なんか何でもいいと答えた。
2) どんなに体にいいと言われても、　　　・　　・b 空港なんかいらないよ。
3) 旅行に何着ていったらいいかって聞かれ・　　・c にんじんなんか食べたくない。
　 たから、
4) この町は人口が少ないんだから、　　　・　　・d 政治家なんか信じられないよ。

「なんか(~따위)」뒤에 조사가 붙는 경우도 있다.
　お前なんかにおれの気持ちがわかるわけがない。

 Plus

～なんて ★★★

「～なんて(~따위)」도 동일하게 쓰인다.

① バドミントンなんてだれでもできると思ったんですが、やってみるとかなりはげしいスポーツでした。
② お宅のワンちゃん、いい子ですね。うちの犬なんて、ぜんぜん私の言うことを聞かないんですよ。

 66 こちらなんかいかがですか
　　　100 寝てなんかいられない

91　生活できっこない ★★

どう使う？

「～っこない(~할 리가 없다)」는「～わけがない(~할 리가 없다)」와 마찬가지로 그런 일은 절대 있을 수 없다고 강하게 부정할 때 쓴다. 추측 표현의 한 종류로 자신의 의사를 나타낼 때에는 쓰지 않는다.

V-ます ＋ っこない　～할 리가 없다

① 30年後、自分がどこで何をしているかはだれにもわかりっこない。
② A：そんなに自分の意見をくり返してばかりじゃ話し合いはまとまりっこないよ。
　 B：じゃ、どうしたらいいでしょうか。
③ 課長、今からがんばっても明日の納品には間に合いっこないですよ。
④ いくらおすしが好きでも、50皿も一度に食べられっこないよ。

やってみよう！
정답 별책 P.9

例1　A：秘密だから、だれにも言わないでね。
　　　B：うん。絶対（言わない・言いっこない）よ。

例2　A：山田さんが部長に「会社をやめろ！」って言ったんだって？
　　　B：山田さんはそんなこと絶対（言わない・言いっこない）よ。

1) A：昼ご飯食べないの？
　　B：ダイエット中だから、昼ご飯は（食べない・食べっこない）んだ。

2) A：おいしそう。毎朝、自分でお弁当作っているの？
　　B：ううん。朝寝坊の私が、そんなこと（できない・できっこない）よ。

3) A：今度の旅行、どうして（行かない・行きっこない）の？一緒に行こうよ。
　　B：ごめん。アルバイトがあるから…。

4) A：1人でタイへ行くの？
　　B：タイ語がぜんぜんわからないんだから、1人で（行けない・行けっこない）でしょ。
　　　連れていってもらうのよ。

92　大学を出たからといって　★★★

どう使う？

「～からといって…(～라고 해서…)」는 '어떤 이유만으로 ～을 하는 것은 좋지 않다/～할 수 없다/～하면 곤란하다'라고 말할 때 쓴다. 비판·조언·주의 등의 뉘앙스로 사용하는 경우가 많다.

PI ＋ からといって　～라고 해서

＊「だからといって(그렇다고 해서)」라는 표현도 있다.

① A：あんなにがんばって練習したんだから、今度の大会は絶対優勝ですね。
　　B：練習したからといって、簡単には優勝できませんよ。
② 買い物は計画的に。安いからといって、買いすぎないようにしましょう。
③ 便利だからといって、インターネットに頼ってばかりいると、困ることがあるよ。
④ 運動は必要ですが、だからといって、やりすぎてはいけません。

やってみよう！

정답 별책 p.10

1) 試験が（終わった・ある）からといって、遊びすぎないでください。
2) ペットが（ほしい・かわいい）からといって、えさをやりすぎてはいけませんよ。
3) （ひまだ・忙しい）からといって、ごろごろしていないで、部屋を片付けなさい。
4) 熱が（上がった・下がった）からといって、無理をしてはいけませんよ。

93　就職できるとは限らない ★★★

どう使う？

「～とは限らない(～라고는 한정할 수 없다)」는 '일반적으로 옳다고 생각되는 것에도 경우에 따라 예외가 있을 수 있다'라고 말할 때 쓴다.

PI ＋ とは限らない　～라고는 한정할 수 없다, ～라고는 할 수 없다

＊「 なA ／ N ＋とは限らない」의 형태도 있다.

① 最近、バレンタインデーに贈るものはチョコレートとは限らないそうです。
② A：このマンガ、きっと海外でも人気が出るでしょうね。
　　B：いやあ、日本で人気があっても、海外でも人気が出るとは限らないですよ。
③ 大企業だからといって、倒産しないとは限らない。
④ 駅の近くなら通勤に便利だとは限りません。急行が止まらない駅は意外に不便ですよ。
⑤ デジカメは機能が多くても使いやすいとは限りません。ニーズに合わせてお選びください。

やってみよう！

정답 별책 p.10

1) 社長の意見が必ずしも正しい（に決まっている・とは限らない）。

2）真冬にTシャツ1枚で出かけたの？ そんなことしたら、寒い
（に決まっている・とは限らない）よ。

3）何の説明もなく、消費税を上げるなんて、国民は反対する（に決まっている・とは限らない）。

4）

4）このお茶は花粉症に効果があると言われているが、すべての人に効果がある（に決まっている・とは限らない）。

Check

1）アイスクリーム買いすぎて、冷凍庫に入りきらないから、食べちゃう＿＿＿＿＿＿ね。

2）A：今日ね、テレビの星占いが悪かったのよ。
   B：気にしないほうがいいよ。占いなんて当たり＿＿＿＿＿＿んだから。

3）こんな難しい文章、辞書があっても読める＿＿＿＿＿＿よ。

4）新聞に書いてあることがすべて正しい＿＿＿＿＿＿。自分で考えることも必要だ。

| しかない　　っこない　　とは限らない　　わけがない |

5）A：いつも一緒に練習している中村選手と、メダルを争うことになりますが…。
   B：彼はいいライバルです。ライバルがいる＿＿＿＿＿＿、自分もがんばれるんです。

6）友だちだ＿＿＿＿＿＿、連絡もしないで突然家へ行くのは失礼ですよ。

7）父は「禁煙＿＿＿＿＿＿すぐできる」と言っているが、1週間以上禁煙しているのを見たことがない。

| なんか　　からといって　　からこそ |

10 ゆきの選択（2）
유키의 선택 (2)

できること

● 가까운 사람에 대해 다소 비판적인 평가를 할 수 있다.

🔊 54

父：どうしたんだ？
母：ゆきが大学をやめて劇団の仕事やるって言ってるのよ。
父：劇団の仕事？ ああ、ずいぶん熱心にやっているからな。
母：大学を出てからにしたらと言ったんだけど…。ほんとに、ゆきのがんこな**ことといったら**…。世の中のことを何も知らない**くせに**…。
父：うーん、大学は出たほうがいいと思うが、ゆきが本気ならそれもいいんじゃないか。
母：お父さんが甘やかすから、ゆきがいつまでも子ども**っぽい**夢を追いかけるんですよ。お父さん**のせい**ですよ。
父：でも、ゆきの人生だし…。ゆき**のことだから**、きっとがんばると思うよ。
ゆき：お父さん、ありがとう。
母：ほんとにお父さんはゆきに甘いんだから…。

94　がんこなことといったら　

どう使う？

「～ことといったら(～정도로 말할 것 같으면)」는 놀람, 감동, 분노 등의 감정을 강하게 표현하고 싶을 때 쓴다.

いA
なA な ＋ ことといったら　～정도로 말할 것 같으면

＊「 N ＋といったら」의 형태로「美しさ(아름다움)・すばらしさ(훌륭함)・おもしろさ(재미있음)」등과 함께 쓰는 경우도 있다.

① 花見の客の多いことといったら、ゆっくり桜も見られないほどでしたよ。
② あの店の店員の態度のひどいことといったら…。もう二度と行きたくない。
③ 沖縄の海の青さといったら、まるで映画のワンシーンを見ているようでした。

95　何も知らないくせに　

どう使う？

「～くせに(～주제에)」는 상대방에 대해 좋지 않은 인상을 가지고 있을 때 쓴다. 앞뒤가 반대되는 내용을 언급할 때 사용하며, 허물없는 사이에서 말하는 표현이다.

PI ＋ くせに　～주제에, ～이면서도
[なA だな　 N だの]

＊「そのくせ(그런데도, 그러면서도)」라는 표현도 있다.

① 「今すぐ行きます」って言ったくせに、1時間たっても来ない。
② A：先輩、ちょっと休みませんか。
　 B：なんだ、もう疲れたのか？ おれより若いくせに、体力がないなあ。
③ 山田って、本当は彼女が好きなくせに、いつも彼女に意地悪を言うんだよ。
④ 木村さんは文句ばかり言う。そのくせ何もしない。

やってみよう！

> 例1　A：テストどうだった？
> 　　　B：昨日5時間も勉強した（くせに・のに）できなかったんだー。
> 例2　あの会社は一流企業（のくせに・なのに）、アフターサービスが悪い。

1) 雨が降っている（くせに・のに）、試合は続いている。
2) レストランをインターネットで予約しておいた（くせに・のに）、予約が入っていないと言われた。
3) 学生（のくせに・なのに）、高級車に乗って、遊んでばかりいる。
4) あの店は、高い（くせに・のに）ぜんぜんおいしくない。

96　子どもっぽい夢　★★

どう使う？

「～っぽい（～같다）」는 '눈으로 봤을 때 ～같은 느낌이 들다'라는 의미로 사물이나 사람의 성질에 대해 말할 때 사용한다.

 ＋ っぽい　～같다, ～같은 느낌이 든다, ～계통의

① いつも黒っぽい服を着ているね。明るい色は嫌いなの？
② ヘアスタイルをちょっと変えるだけで、ずいぶん大人っぽい印象になりますよ。
③ A：その時計、ブランド物じゃないの？ 高かったでしょう。
　 B：ううん。本物っぽく見えるでしょう？ でも、実はにせものなんだ。
④ A：具合悪そうだけど大丈夫？
　 B：実は朝から、熱っぽいんです。

やってみよう！

1) 家を建てるなら、部屋の壁を _____ っぽくすると、部屋が明るい感じになるよ。
2) さっき、_____ っぽい人が訪ねてきたけど、弟さん？
3) 買ったチョコレートでも、自分でかわいくラッピングするだけでも _____ っぽくなりますよ。

4) このスパイスは独特のにおいがあるので ＿＿＿＿ っぽいと言って嫌う人もいます。

学生　　白　　薬　　手作り

「 V-ます ＋ っぽい」는 '자주 ~한다, 금방 ~한다'라는 의미로 사용된다. 「あきる(싫증나다)・怒る(화내다)・忘れる(잊다)」 등의 동사와 자주 쓰인다. ★★
① 課長は怒りっぽくて、すぐ怒るくせにすぐ忘れる。
② 君は忘れっぽいんだから、いつもメモを取るようにしなさい。
③ あきっぽい人でも、この方法なら楽しみながら練習できるので長続きしますよ。

97　お父さんのせいですよ ★★

どう使う？

「～せい(～탓)」는 나쁜 결과가 된 이유를 강하게 말할 때 쓰인다. 이유를 확실하게 알고 있을 때는「～せいで(～탓으로)」, 확실히 모르는 때에는「～せいか(～탓인지)」를 사용한다.

PI ＋ せい　～탓, ～때문
[**なA** だな　**N** だの]

① 連日の暑さのせいで、庭の花が全部枯れてしまった。
② 部屋のエアコンが古いせいで、音がうるさくてよく寝られない。
③ ごめん。ぼくのせいで君にまで迷惑かけちゃって。
④ 舞台の本番前で、緊張しているせいか、すごくのどがかわく。
⑤ 気のせいか、駅前のパン屋のパンが小さくなったような気がする。

＊「気のせい(기분 탓)」은 '왠지 모르게 그렇게 생각하다'라는 뜻의 관용표현이다.

やってみよう！

정답 별책 p.10

1) 今年の夏は涼しいせいか、　　　・　　　・a 海水浴客が例年より少ない。
2) ビルができたせいで、　　　　　・　　　・b ウイルスに感染してしまった。
3) 彼女が休みのせいか、　　　　　・　　　・c 屋上から富士山が見えなくなった。
4) ウイルスソフトが入ってなかったせ・　　　・d 今日は田中君は元気がない。
   いで、

98　ゆきのことだから ★★

どう使う？

「～のことだから(～이니까)」는 잘 알고 있는 인물을, '그 사람의 성격 등으로 미루어 짐작했을 때 분명 ～할 것이다'라고 추측할 때 쓴다.

N ＋ のことだから　　～이니까, ～이라면

＊ **N** 에는 이름이나 회사 등의 조직명이 온다.

① 鈴木選手のことだから、本番ではさらにすばらしい演技を見せてくれるでしょう。
② A：リンさんが引っ越して、さびしくなったね。元気かな。
　 B：彼女のことだから、元気でがんばっているんじゃないかな。
③ A：小山さん、まだ来ていませんね。間に合うでしょうか。
　 B：小山さんのことだから、きっとまた遅刻ですよ。先に行きましょう。
④ 御社のことですから、今までにないまったく新しいタイプの製品を作ってくださると期待しています。

やってみよう！

정답 별책 p.10

1) やさしい花井さんのことだから、　　　・　　　・a この資料の取り扱いには注意してくれ。

2) 君のことだから大丈夫だと思うが、　　・　　　・b 今年も抜群のチームワークを見せてくれるだろう。

3) クロのことだから、　　　　　　　　・　　　・c 頼めばやってくれるでしょう。

4) 練習熱心なABKチームのことだから　・　　　・d 雨でも散歩に行きたがるだろう。

Check

정답 별책 p.10

1) この服、かわいいけど、ちょっと子ども_____かな？

2) パソコンがこわれた_____、レポートをしめ切りまでに出せなくなってしまった。

3) 優秀な山本刑事の_____、もう犯人がわかっているはずだ。

4) 「日本人の_____納豆が食べられないんですか」と留学生に言われた。

| せいで　　っぽい　　くせに　　ことだから |

まとめの問題

問題 1 <문법 형식 판단>

次の文の（　）に入れるのに最もよいものを、1・2・3・4から一つえらびなさい。

1　A：マリさんに通訳頼んだら、できないって言われちゃった。
　　B：えー！アメリカの高校を卒業したんだから、（　　）わけがないのに…。

　　1　話した　　　2　話せる　　　3　話す　　　4　話せない

2　A：あのピアス、気に入ってたんでしょう。もうちょっと探してみようよ。
　　B：ありがとう。でも、もういいよ。この人混みじゃ、見つかり（　　）よ。

　　1　っこない　　2　ましょう　　3　そうだ　　4　きります

3　A：え？ 雨なのにディズニーランド行くの？
　　B：雨が降っている（　　）行くんだよ。きっとすいてるよ。

　　1　からといって　2　からこそ　3　からには　4　からでないと

4　兄は答えを知っている（　　）、「自分で考えろよ」と言って教えてくれないんだ。

　　1　最中に　　　2　うちに　　　3　くせに　　　4　わけがないので

5　A：パソコンの操作間違えて、データ削除しちゃったんだ。どうしよう！
　　B：それは正直に謝る（　　）でしょ。

　　1　しかない　　2　わけがない　3　ことがある　4　ところだ

6　A：風邪なんでしょう。会社休めば？
　　B：年末の忙しい時期に風邪（　　）、休めないよ。

　　1　だからこそ　2　なんかで　　3　さえ　　　　4　のくせに

7　おいしい（　　）、そんなに食べると、おなかをこわすよ。

　　1　からといって　2　といえば　3　からこそ　4　くせに

8　化粧品は高ければいい（　　）ので、使ってみて自分に合ったものを選びましょう。

1　とは限らない　　　　　　2　かと思う
3　に決まっている　　　　　4　しかない

問題2　<문장 완성>

次の文の＿★＿に入る最もよいものを、1・2・3・4から一つえらびなさい。

1　親友だと＿＿＿　＿＿＿　＿★＿　＿＿＿きびしいことも言うんだよ。
　　1　からこそ　　2　いる　　3　思って　　4　ときには

2　修理したのにまた動かなくなった。やっぱり＿＿＿　＿＿＿　＿★＿　＿＿＿かなあ。
　　1　新しい　　2　買う　　3　エアコンを　　4　しかない

3　授業中、机の＿＿＿　＿＿＿　＿★＿　＿＿＿、先生に見つかって注意された。
　　1　ところを　　2　メールを　　3　打っている　　4　下で

4　必要な＿＿＿　＿＿＿　＿★＿　＿＿＿、サプリメントばかりに頼らないで、きちんと食事をとってください。
　　1　手軽に　　2　からといって　　3　栄養が　　4　とれる

問題3　<글의 문법>

次の文章を読んで、文章全体の内容を考えて、　1　～　4　の中に入る最もよいものを、1・2・3・4から一つ選びなさい。

木村：高橋さん、サークルのボウリング大会、行かないの？
高橋：うーん、ごめん。
木村：どうして？
高橋：私、したことないから…。
木村：大丈夫、コーチの資格を持っている伊藤先輩も一緒だから。伊藤先輩　1　、きっとていねいに教えてくれるよ。
高橋：だめだめ。教えてもらっても、でき　2　よ。運動苦手だし…。

伊藤：木村さん、どうしたの？
木村：あ、ちょうどよかった。伊藤先輩、高橋さん、やったことがないから、ボウリング大会、行かないって言っているんです。
伊藤：高橋さん、行こうよ、みんなで行く　3　、楽しいんだよ。ボウリング　4　簡単だよ。よかったら教えるよ。
高橋：そうですか。じゃ、行ってみようかな。

1	1 のとおりに	2 のおかげで	3 のために	4 のことだから
2	1 っこない	2 っぽい	3 かけだ	4 きれない
3	1 ばかりでなく	2 くせに	3 からこそ	4 からといって
4	1 なんか	2 といったら	3 によると	4 らしい

問題4　<청해>

1　この問題では、絵を見ながら質問を聞いてください。矢印（→）の人は何と言いますか。1から3の中から、最もよいものを一つ選んでください。

　　　　1　2　3　　　　　　　　　　　　　　　　🔊 55

2　この問題では、問題用紙に何も印刷されていません。まず文を聞いてください。それから、その返事を聞いて、1から3の中から、最もよいものを一つえらんでください。

1	1　2　3	🔊 56
2	1　2　3	🔊 57
3	1　2　3	🔊 58

11 友だちのお見舞い (1)
친구 병문안 (1)

できること
● 곤란한 상황과 그때의 심정에 대해서 구체적으로 설명하거나 표현할 수 있다.

知子：もしもし、ゆき、今日の練習どうして休んだの？

ゆき：ごめんね。風邪ひいちゃったの。

知子：大丈夫？

ゆき：ずっと風邪**気味**で、先週の日曜日から熱が出て…。公演も近いから、寝て**なんか**いられ**ない**って思ったんだけど…。

知子：病院、行った？

ゆき：ううん。ふらふらして、起き上がること**さえ**できない**くらい**ひどい状態で…。電話できなくてごめん。

知子：具合悪いんだから、しかたがないよ。

ゆき：ずっと寝てたもんだから、服も脱ぎっ**ぱなし**だし、台所もごみ**だらけ**だし…。なんか、悲しくなっちゃった。

知子：どうしたの？弱気になっ**たりして**…。ゆき**らしく**ないなあ。

ゆき：うん。

知子：でも、病気のときはだれでも心細いよね。

99　風邪気味で　★★★

どう使う？

「〜気味(〜한 느낌)」는 지금의 상태는 '조금 〜한 느낌이 든다'라고 말하고 싶을 때 쓴다.

> V-ます
> N ］＋ 気味　〜한 느낌, 〜하는 경향

① このところ残業続きで、寝不足気味だから、今日は早く帰るよ。
② 4月になっても寒い日が続いていて、桜の開花も例年より遅れ気味だとのことです。
③ 夏バテ気味の方には、野菜がたっぷり入ったこの冷たいうどんがおすすめです。
④ 経済政策の効果が表れず、大統領の支持率が下がり気味だ。

やってみよう！

정답 별책 P.10

1）A：川に落ちた子どもを助けた人がいたんだ。普通のサラリーマン
　　　（っぽい・気味の）人だったけど…。
　　B：へえー、かっこいいね。
2）レポートもたくさんあるし、期末試験の準備もあるし、最近疲れ
　　（っぽい・気味だ）。
3）生まれつき髪が茶色（っぽい・気味な）ので、いつも染めているのかと聞かれます。
4）初めてのテレビ出演で、彼は少し緊張（っぽかった・気味だった）。

100　寝てなんかいられない　★★

どう使う？

「〜なんかいない(〜따위 안 하다)」는 제시된 특정 행동을 하고 있지 않다는 것을 강조하고 싶을 때 쓴다. 「〜なんかいられない(〜따위 하고 있을 수 없다)」라고 가능형을 사용하는 경우도 많다. 「〜なんて(〜따위)」도 동일하게 사용한다.

> V-て ＋ なんかいない　〜따위 안 하다, 〜하거나 하지 않다

① 泣いてなんかいません。目にゴミが入っただけです。

② A：そんなに怒らないでよ。
　 B：怒ってなんかいません。あなたのことを心配しているから言っているんですよ。
③ A：先週も日曜日出勤だったでしょう。今日は休んだら？
　 B：休んでなんかいられないよ。部下が2人もやめちゃったんだから。
④ 年末は忙しくて、のんびり昼ご飯を食べてなんかいられないんです。

やってみよう！

정답 별책 P.10

1) 試合に負けたぐらいで　　　　　　　　・　　・a 寝てなんかいられない。

2) せっかくディズニーランドへ来たんだから　・　　・b こわれてなんかいないよ。

3) 午前3時からワールドカップの試合の放送が・　　・c じっとしてなんかられないよ。
　 あるんだから

4) このテレビ、プラグが抜けているだけで、　・　　・d 落ち込んでなんかいられないよ。

「いA なく ＋ なんかない (~같은 거 없다)」「なA／N ＋ なんかじゃない (~같은 거 아니다)」의 형태도 사용된다.

① A：ご両親に会えなくてさびしいでしょう？
　 B：大丈夫です。友だちも先生もいるからさびしくなんかないです。
② A：きれいな人だね。恋人？
　 B：恋人なんかじゃないよ。ただのクラスメイトだよ。

66 こちらなんかいかがですか
90 演劇なんかしても

101　起き上がることさえできない

どう使う？

「〜さえ(〜조차)」는 극단적인 예를 제시하여 강조하고 싶을 때 쓴다. 문장 뒤에는 부정형이 사용되는 경우가 많다.

N ＋ [조사] ＋ さえ　〜조차

＊ 조사「を・が・は」는 생략된다. 그 외에는「조사＋さえ」가 된다.

① 来週から出張に行くのに、ホテルの予約はもちろん、航空券の予約さえしてない。
② ボクサーは試合の計量前には水さえ飲まないで、減量するそうです。
③ 母は転んで両手を骨折して、一人で食事することさえできなくなった。
④ リンさんは友だちにさえ何も言わずに急に帰国してしまった。どうしたんだろう。
⑤ あの山は、ベテランの登山家でさえ簡単には登れない山だ。

やってみよう！

정답 별책 P.11

例1　今日は財布を忘れてしまったので、ジュース（**さえ**・も）買えない。
例2　パンと牛乳を買いました。それから果物（さえ・**も**）買いました。

1) A：旅行、どこへ行きましたか。
　　B：大阪と京都へ行きました。神戸（さえ・も）行きました。
2) 日本へ来たばかりのときは、ひらがな（さえ・も）書けなかった。
3) 社会人向けの講演会ですが、学生さん（さえ・も）参加できますよ。
4) この店は料理（さえ・も）デザート（さえ・も）食べ放題です。
5) 人気歌手の握手会に行ったら、人が多くて顔を見ること（さえ・も）できなかった。

「V-て ＋さえ(〜하는 것조차)」의 형태도 사용되는 경우가 있다。
① 加藤さんはあさってまでにレポートを書かなければならないのに、まだ資料を集めてさえいない。
② 彼は自分がだまされたことに気づいてさえいないらしいね。

102 起き上がることさえできないくらいひどい ★★★

どう使う？

「～くらい(～정도)」는 「痛いくらい強く握手した(아플 정도로 세게 악수했다)」처럼 「～ほど(～정도)」와 동일하게 그 상태가 보통이 아니라는 것을 나타낼 때 쓰는 표현이다. 「そうじぐらい手伝って(청소 정도는 도와줘)」와 같이 '최소한 그것만은'이라고 말할 때에도 쓴다.

V-る ／ V-ない
いA
なA な　　＋ くらい　～정도
N

＊「ぐらい」라고 하는 경우도 있다.

① 昨日の地震は、座っていられないくらい強くゆれた。
② この前のテストは自分でもおどろくくらいよくできました。
③ 何度も連絡したのに。いくら時間がなくても、メールを見るぐらいできたでしょう？
④ A：すぐ失礼しますので…。
　　B：せめてお茶ぐらい飲んでいってください。
⑤ 緊張して、食事ものどを通らないくらいだった。
⑥ かっこいいくつを見つけて値札を見たら、目が飛び出るくらい高くておどろいた。

やってみよう！

정답 별책 P.11

1) 1年フランス語の勉強をして、・　　・a 母はいつも食べきれないくらい料理を作ってくれる。

2) 子どものとき、ケーキを食べておなかをこわしてから、・　　・b やっと旅行で困らないくらい話せるようになった。

3) 昨日はのどが痛くて、・　　・c 見るのもいやなくらい嫌いになってしまったんです。

4) 国へ帰ると、・　　・d 水も飲めないくらいでした。

103　服も脱ぎっぱなし ★★★

どう使う？

「～っぱなし(～인 채)」는 앞의 동작이 끝난 뒤, 당연히 해야 할 일을 하지 않고 그대로 두는 것은 좋지 않다고 생각할 때 사용한다. '계속 ~하고 있어서 곤란하다'라고 말할 때에도 쓴다.

V-ます ＋ っぱなし　　～인 채, 계속 ~한 상태

① 自転車を駅前に置きっぱなしにしたら、持っていかれてしまった。
② 私はよく部屋の電気をつけっぱなしにして、母に注意される。
③ 旅行の間、1週間も部屋を閉めっぱなしだったから、空気を入れかえよう。
④ 田中さんは、もう1時間もカラオケで歌いっぱなしだ。
⑤ 今日は、ミスばかりで、先輩にしかられっぱなしだった。

やってみよう！

정답 별책 P.11

1) DVDを2週間借りっぱなしにして　　　・a ドロドロに溶けていた。
　いたら、
2) 2階の窓を開けっぱなしにしていた　　・b そこから泥棒に入られてしまった。
　ので、
3) 水を出しっぱなしで歯を磨くと、　　　・c 返すとき1000円も料金を取られた。
4) ポケットに入れっぱなしだったチョ　　・d 5.4リットルの水が無駄になるそう
　コレートが　　　　　　　　　　　　　　です。

104　ごみだらけだし ★★

どう使う？

「～だらけ(～투성이)」는 진흙이나 주름 등 더러운 것이 많이 붙어 있을 때나 실수와 같은 마이너스로 평가되는 것이 많이 있을 때 쓴다.

N ＋ だらけ　　～투성이

① 雨の日にサッカーの試合をしたので、ユニフォーム
　もくつも泥だらけになった。
② 冷蔵庫の奥からカビだらけのチーズが出てきた。
③ 犬を家の中で飼っていて、部屋がすぐ毛だらけになる
　のでそうじが大変なんです。
④ 医学的に見たら、間違いだらけのダイエット方法が多いらしい。

やってみよう！

정답 별책 p.11

1）スーツを着たまま寝てしまって、　　・　　・a 1回旅行に行っただけで、きずだら
　　　　　　　　　　　　　　　　　　　　　　　けになった。
2）まだ入社したばかりなので、　　　・　　・b 後ろのかべがほこりだらけだった。
3）本棚を動かしたら、　　　　　　　・　　・c しわだらけになってしまった。
4）買ったばかりのスーツケースだっ・　　・d 知らないことだらけで毎日大変です。
　たのに、

105　弱気になったりして　★

どう使う？

「～たりして(～하기나 하고)」는 평상시와 다른 상대방의 모습을 부드럽게 말할 때나 지시를 부드럽게 전달할 때에 쓰인다.

V-た ＋ りして　～하기나 하고, ～하다니 (말이야)

① 彼女、急に泣いたりして、どうしたんだろう？
② A：どうしたの？ 着物着たりして。どこか行くの？
　 B：今日は友だちの結婚式なの。
③ バスの窓から手を出したりしてはいけませんよ。
④ ここは図書館ですから、大きい声で話したりしないでください。

☞ 34 優勝したりして？

11 友だちのお見舞い (1)　163

106　ゆきらしくないなあ ★★★

どう使う？

「〜らしい(〜답다)」는 명사와 접속하여 그 명사의 전형적인 특징이 잘 나타나 있음을 나타낸다.

N ＋ らしい　〜답다, 〜다운

① 桜が咲いて春らしい季節になりました。
② 今年就職した息子は、やっと最近社会人らしくなってきた。
③ ぼくは子どものころ、泣くといつも祖父に「男らしくないぞ」と怒られた。
④ A：田中さん、毎週病院でボランティアをしているんだよ。やさしい人だよね。
　 B：うん、田中さんらしいね。

やってみよう！

정답 별책 p.11

1) 窓の外には南の国（らしい・らしくない）景色が見える。
2) あの人は背も高くないし、やせているし、お相撲さん
　 （らしい・らしくない）けど、強いんですよ。
3) 今年の梅雨は、ぜんぜん雨が降らなくて梅雨
　 （らしい・らしくない）。

1)

Check 📖

정답 별책 P.11

1) 風が涼しくなって、すっかり秋 _____ なりましたね。
2) すみませんが、風邪 _____ なので、お先に失礼します。
3) 私はゆでたまご _____ 作ったことがないので、留学して一人暮らしできるかどうか不安です。
4) お気に入りのソファーを猫がきず _____ にしてしまい、使えなくなってしまった。

気味　　さえ　　らしく　　だらけ

5) 2年間研究を続けて、やっと論文ができたときには、うれしくて叫びたい _____ でした。
6) 書類を机の上に出し _____ にしていたら、風で飛んでしまった。
7) うそをついて _____ いないよ。本当に見たんだよ。

くらい　　なんか　　っぱなし

# 友だちのお見舞い（2）

친구 병문안 (2)

できること

● 곤란한 상황과 그때의 심정에 대해서 구체적으로 설명하거나 표현할 수 있다.

🔊 60

知子：具合はどう？
ゆき：あ、知子？ お母さん**かと思った**。
知子：心配だから、様子見にきた。おかゆ、買ってきたよ。アイスクリーム**とか**みかん**とか**いろいろあるよ。冷蔵庫に入れとくね。
ゆき：ありがとう。
知子：気にしないで。自分の買い物の**ついでに**、ちょっと買ってきただけだから。
ゆき：ごめん、助かるわ。
知子：練習好きのゆきが休むから、何かあった**に違いない**と思ったら…。
ゆき：うん。これ**ほど**つらい風邪はひいたこと**ない**よ。
知子：ちゃんと治してね。来週の舞台、ゆき**ぬきで**はできないんだから。
ゆき：ありがとう。私も早く練習したく**てしょうがない**んだけど…。
知子：でも、無理しないでね。

107　お母さんかと思った ★★

どう使う？

「～かと思った(～인 줄 알았다)」는「日本人かと思ったら、留学生だった(일본인인 줄 알았는데 유학생이었다)」와 같이, 처음에 생각했던 것과는 다른 결과이거나 오해했을 때 쓰는 표현이다.

PI + かと思った　～인 줄 알았다, ～인가하고 생각했다
[なA だ　N だ]

99
～
113

① A：あの人、新しく来た課長さんよ。
　　B：え、本当!?　若そうだから、新入社員かと思ったよ。
② A：遅れてごめん。寝坊しちゃった。
　　B：いいけど…。約束、忘れちゃったかと思った。
③ 100点取って、先生に呼ばれたから、ほめられるかと思ったら、遅刻が多いと注意された。
④ 10キロも走らされて、死ぬかと思ったよ。

やってみよう！

정답 별책 p.11

1) 試験が難しかったのでだめかと思ったが、
　（不合格で残念だった・合格できてよかった）。
2) 定期を忘れたかと思ったら、（かばんの中に入っていた・家に置いてきた）。
3) 今日は雨が降るかと思ったが、（大雨になった・すごくいい天気になった）。
4) やっと仕事が終わったかと思ったら、
　（もう1つ残っていた・けっこううまくできた）。

108　アイスクリームとかみかんとか

どう使う？

「～とか(～라든가)」는 「～や～など(～나 ～등)・～たり～たり(～하거나 ～하거나)」와 같이 예를 제시할 때에 쓴다.

```
N
V-る
```
+ とか　～라든가, ～든지

① 私の学校では数学とか物理とか、理科系の科目の時間数が多くて、いい先生がたくさんいる。
② 出席率のいい学生は、奨学金がもらえるとか学費が安くなるとかいろいろなメリットがある学校もある。
③ 進路を決めるのは大切なことだから、いろいろ調べるとか先輩に相談するとかしたほうがいいと思うよ。
④ 私はスポーツを見るのが大好きで、野球とかよく見に行きます。
⑤ 日本にはスキーができるところがたくさんありますよ。長野県とか…。

やってみよう！

정답 별책 P.11

1) 以前はぜんぜん料理ができませんでしたが、＿＿＿＿＿＿＿＿＿　とか　＿＿＿＿＿＿＿＿＿　とか、簡単なものは自分で作れるようになりました。
2) この店には＿＿＿＿＿＿＿＿＿　とか　＿＿＿＿＿＿＿＿＿　とか外国の人が喜びそうな絵はがきがたくさん置いてある。
3) 休みの日には＿＿＿＿＿＿＿＿＿　とか　＿＿＿＿＿＿＿＿＿　とか、自分の時間を大切にしたいと思っています。
4) パーティーの準備、大変でしょう。＿＿＿＿＿＿＿＿＿　とか　＿＿＿＿＿＿＿＿＿　とか、何でも手伝うから言って。

富士山　　映画を見る　　カレーライス　　桜　　スパゲティ　　お皿を並べる　　好きな音楽を聞く　　いすを運ぶ

109　買い物のついでに ★★★

どう使う?

「～ついでに(～하는 김에)」는 무언가를 할 기회를 이용하여 다른 일도 한다고 말할 때 쓴다.

[V-る ／ V-た ／ N の] ＋ ついでに　～하는 김에

＊「ついでに」 단독으로 사용되기도 한다.

① 薬局へ薬を買いに行ったついでに、トイレットペーパーも買ってきた。
② 買い物のついでに、前から一度行ってみたかったカフェに寄ったが、期待したほどじゃなかった。
③ A：ちょっとコンビニ行ってくる。
　　B：じゃあ、ついでにパン、買ってきて。

やってみよう！　　정답 별책 P.11

1) 京都へ出張するついでに、　・　　・a 台所からみかん持ってきて。
2) 図書館へ本を返しに行ったついでに、　・　　・b 大阪にいる友人に会いに行こうと思っている。
3) いつも、晩ご飯を作るついでに、　・　　・c このCD、借りてきたんだ。
4) あ、立ったついでに、　・　　・d 翌日のお弁当も作っています。

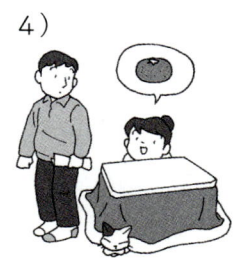
4)

110　何かあったに違いない ★

どう使う?

「～に違いない(～임에 틀림없다)」는 '분명히 ～라고 생각한다'라고 말할 때 쓴다.

Pl ＋ に違（ちが）いない　~임에 틀림없다
[なA だ　N だ]

① この絵をかくのに何百時間もかかったに違いないと思う。
② そう遠くない将来、宇宙旅行は日常的に行われるようになるに違いないと期待されている。
③ 田中選手は優勝するに違いないと言われていたが、２位に終わってしまった。
④ 今後も少子化の傾向は続いていくに違いありません。早急な対策が望まれます。
⑤ 黒い服の男がうちの玄関を開けようとしていた。あの男は泥棒に違いない。

➕ Plus

～に相違（そうい）ない ★

「～に相違（そうい）ない（~임에 틀림없다）」라는 표현도 있다.

① 今回の企業買収には裏で大物政治家の力が働いていたに相違ないとうわさされている。
② この建物は200年以上前に作られたものに相違ないと専門家は話している。

111　これほどつらい風邪（かぜ）はひいたことないよ　★★

どう使う？

「～ほど…（は）ない（~만큼 …은 없다）」는 앞에 나온 대상의 정도가 가장 높음을 강조하고 싶을 때 쓴다.

N ＋ ほど…（は）ない　~만큼 …(은) 없다

＊「 **V-る** （こと）＋ほど…（は）ない」의 형태도 사용된다.

① A：佐藤先輩って、ほんとにいい人だよね。
　　B：うん。私も佐藤先輩ほどやさしい人はいないと思う。
② 夏は毎年暑いけど、今年ほど暑い夏はないんじゃないかなあ。
③ 病人にとって家族や友人の励ましほど、力になるものはないんですよ。
④ 海外旅行から帰って、やっぱり自分の国ほど住みやすいところはないと実感した。
⑤ 雷（かみなり）が鳴っているときに高い木の下にいることほど危険なことはない。

やってみよう！

정답 별책 p.11

1) 今までたくさんの映画を見たが、この映画ほど ・　　・a 落ち着いて勉強できるところはない。
2) 3年間練習を重ね、やっと優勝することができて、これほど ・　　・b 感動したものはなかった。
3) 小川さんほど、　　　　　　　　・　　・c 楽しくて明るい人はいない。
4) 私にとって、この図書館ほど　　・　　・d うれしいことはない。

☞ 7 立っているのもつらい**ほど**
44 もも肉**ほど**あぶらが多く**ない**
57 木が育て**ば**育つ**ほど**

112　ゆきぬきではできない ★

どう使う？

「～ぬきで(～없이)」는 '보통은 당연히 포함되어 있어야 할 것을 포함하지 않고'라는 의미로 사용하는 표현이다.

N ＋ ぬきで　～없이, ～을 빼고

① キャプテンがけがをしたので、来週の試合はキャプテンぬきで戦わなければならなくなってしまった。
② 子ども用にわさびぬきでお寿司を作ってもらった。
③ 今日の忘年会は仕事の話ぬきで楽しみましょう。
④ 高橋さんの講演はお世辞ぬきでとても役に立つお話だった。

113　練習したくてしょうがない ★★

どう使う？

「～てしょうがない(～해서 어쩔 줄 모르다)」는 마음이나 몸의 상태가 '매우 ～하다, 참을 수 없을 정도로 ～하다'라고 말할 때 사용한다.

V-て
いA ~~く~~ て   ＋ しょうがない　～해서 어쩔 줄 모르다, ～해서 죽겠다, 너무 ～하다
なA で

① 空気が乾燥しているせいか、のどがかわいてしょうがない。
② 寝不足だし、昼ご飯を食べたばかりだし…。眠くてしょうがない。
③ 前からほしくてしょうがなかったギターがやっと買えた。
④ A：なぜあの俳優は人気があるのか、不思議でしょうがないよ。
　 B：ほんと、ほんと。

やってみよう！　정답 별책 P.11

1) A：毎日ちゃんと食事をしているのに、なぜか ＿＿＿＿＿＿ しょうがないの。
　 B：そういうときは太るのよ。気をつけたほうがいいよ。
2) A：エアコンがこわれてしまって、＿＿＿＿＿＿ しょうがないんです。
　 B：それは大変ですね。早く修理に来てくれるといいですね。
3) お年寄りが立っているのに、平気で座っている人を見ると、＿＿＿＿＿＿ しょうがない。
4) まだ大学２年生ですが、就職のことを考えると ＿＿＿＿＿＿ しょうがなくなるんです。

暑い　不安だ　はらが立つ　おなかがすく

＋ Plus

～てしかたがない／～てたまらない ★

「～てしかたがない(~해서 견딜 수가 없다)／～てたまらない(~해서 참을 수 없다)」라는 표현도 있다.

① となりの人のヘッドホンから聞こえてくる音が、気になってしかたがないことがある。
② あちこち蚊に刺されて、かゆくてたまらない。
③ 山田さんは一人暮らしを始めた娘さんの様子が心配でたまらないようだ。

Check

1) いくら時間がなくても、あいさつ _____ 、すぐに用件を話すのは失礼でしょう。
2) ガーデニングは絶対にしたくないの。この世で毛虫 _____ 嫌いなものはないから。
3) 夏休みは自然の中で過ごしたいなあ。涼しい高原 _____ …。

ほど　　ぬきで　　とか

4) 台所へ行った _____ 、冷蔵庫からジュースを出して飲んだ。
5) 山本さんは、朝からうれしそうだ。
　　何かいいことがあった _____ 。
6) 彼女からメールの返事が来ないので、嫌われた _____ が、返事が来てうれしかった。
7) 昨晩は残業のあと飲み会もあったので、朝から眠くて _____ 。

ついでに　　に違いない　　しょうがない　　かと思った

まとめの問題

問題 1 <문법 형식 판단>

次の文の（　）に入れるのに最もよいものを、1・2・3・4から一つえらびなさい。

1　最近少し太り（　　）から、食事に気をつけているんです。
　　1　っこない　　　　　　　　2　っぽい
　　3　だらけだ　　　　　　　　4　気味だ

2　A：かわいい袋。あき子の手作り？
　　B：まさか！ シャツのボタン（　　）つけたことないのに…。
　　1　だけ　　　2　くらい　　　3　さえ　　　4　ほど

3　昨日徹夜したせいで、目を開けていられない（　　）眠いんだ。
　　1　ように　　2　くらい　　　3　とおりに　　4　そうに

4　エアコンを（　　）寝ると、のどが痛くなりますよ。
　　1　つけっぱなしで　　　　　2　つけそうに
　　3　つけきって　　　　　　　4　つけたところを

5　猫を抱いたら、セーターが毛（　　）になってしまった。
　　1　しか　　　2　っぽい　　　3　気味　　　4　だらけ

6　涼しいから夏に北海道へ行く人が多いですが、夏より冬のほうが北海道（　　）景色が見られると思いますよ。
　　1　どおりの　　2　ばかりの　　3　ほど　　　4　らしい

7　旅行中にパスポートを盗まれたとき（　　）困ったことはなかった。
　　1　さえ　　　　　　　　　　2　ほど
　　3　だけ　　　　　　　　　　4　のことといったら

8 太陽などの自然エネルギーの開発（　　　）、これからのエネルギー問題は語れないだろう。

　　1　をぬきにして　　2　によって　　3　といえば　　4　について

9 母が宝くじ１億円当たったなんて言うから、冗談かと思ったら（　　　）。

　　1　冗談だった　　2　本当だった　　3　おどろいた　　4　喜んだ

問題2　<문장 완성>

次の文の＿★＿に入る最もよいものを、1・2・3・4から一つえらびなさい。

1　A：現在、作業はどのぐらい進んでいますか。
　　B：予定より＿＿＿＿　＿＿＿＿　★　＿＿＿＿が、問題はありません。

　　1　少し　　2　です　　3　気味　　4　遅れ

2　彼は、山＿＿＿＿　＿＿＿＿　★　＿＿＿＿ないだろうと語った。

　　1　すばらしい　　2　ところ　　3　は　　4　ほど

3　このクッキー、昨日デパートへ＿＿＿＿　＿＿＿＿　★　＿＿＿＿んだけど、おいしいよ。

　　1　ついでに　　2　行った　　3　買って　　4　きた

問題3　<청해>

1　この問題では、まず質問を聞いてください。それから話を聞いて、問題用紙の１から４の中から、最もよいものを一つえらんでください。　🔊 61

　　1　資料をコピーする　　　　　　2　お客さんのところへ謝りに行く
　　3　山岡さんと仕事をする　　　　4　お客さんに電話をかける

2 この問題では、問題用紙に何も印刷されていません。まず文を聞いてください。それから、その返事を聞いて、1から3の中から、最もよいものを一つえらんでください。

1	1 2 3	🔊 62
2	1 2 3	🔊 63
3	1 2 3	🔊 64

부록

문형 색인

	문형	번호	페이지
あ	~ありませんか	53	p.88
う	V うちに①	68	p.108
	~うちに②	81	p.129
お	お V	75	p.120
	お V いただく	72	p.117
	~おかげ	51	p.86
	お V くださる	72	p.117
	お V です	75	p.119
	お目にかかる	74	p.118
	お目にかける	74	p.118
	V 終わる	1	p.17
か	V かけだ	85	p.134
	V かけの	85	p.134
	V かける	85	p.134
	~かと思う	67	p.106
	~かと思った	107	p.167
	V かのようだ	80	p.128
	V かのような	80	p.128
	V かのように	80	p.128
	~かも。	32	p.59
	~からこそ	89	p.143
	~からといって	92	p.145
	~がり	14	p.34
	~がる	14	p.33
	~かわりに	45	p.75
き	~気味	99	p.158
	V きる	50	p.81
く	~くせに	95	p.149
	~くらい	102	p.161

	문형	번호	페이지
こ	ご N いただく	72	p.117
	ご N くださる	72	p.117
	ご N です	75	p.119
	V ことがある	18	p.38
	A ことといったら	94	p.149
	V こともある	18	p.38
さ	~最中	84	p.133
	N さえ	101	p.160
	V させていただく	78	p.122
	V させておく	19	p.39
	V させてくださる	78	p.122
	V させてくれる	12	p.32
	V させてもらう	12	p.32
	V させられる	13	p.32
し	~しかない	88	p.142
	V じゃいけない	31	p.58
	V じゃう	31	p.58
	~じゃない	37	p.64
	~じゃん	37	p.65
す	V ずに	46	p.78
	V ずにはいられない	86	p.135
せ	~せい	97	p.151
そ	V そうもない	5	p.20
	存じ上げる	74	p.118
た	V 出す	16	p.35
	~たって	35	p.62
	V-た とたん(に)	15	p.34
	V-た ばかり	69	p.109
	~たび(に)	60	p.96
	~ため(に)	23	p.46

178

た	~たら	6	p.23
	V たら？	32	p.59
	N だらけ	104	p.162
	~たりして①	34	p.61
	V-た りして②	105	p.163
	~だろうと思う	4	p.19
ち	V ちゃいけない	31	p.58
	V ちゃいます	73	p.118
	V ちゃう	31	p.58
	ちょうだいする	74	p.118
つ	~ついでに	109	p.169
	~っけ	33	p.60
	V っこない	91	p.144
	V 続ける	9	p.25
	N って①	11	p.31
	N って②	38	p.65
	V っぱなし	103	p.162
	N っぽい	96	p.150
	V っぽい	96	p.151
て	V-て 。	32	p.59
	~であればあるほど	57	p.93
	V-て いく	8	p.24
	V-て いただきたいんですが	71	p.111
	V-て いらっしゃる	77	p.121
	~でいらっしゃる	77	p.121
	V-て からでないと	79	p.127
	V-て からでなければ	79	p.127
	V-て くる①	8	p.25
	V-て くる②	64	p.104
	V-て さえ	101	p.160

て	~てしかたがない	113	p.172
	~でしょうか	76	p.120
	~てしょうがない	113	p.171
	~ですと	62	p.102
	~てたまらない	113	p.172
	V-て なんかいない	100	p.158
	V-て なんていない	100	p.158
	V-て ます	73	p.118
	V-て もらってもいいですか	71	p.111
	V-て る	31	p.57
と	V と	6	p.22
	~という N	3	p.18
	~ということだ	29	p.52
	N というと	54	p.89
	N といえば	54	p.89
	N といったら	54	p.89
	N どおり	25	p.48
	~とおりだ	25	p.47
	~とおり（に）	25	p.47
	~とか	108	p.168
	V ときます	73	p.118
	V とく	31	p.58
	V ところ	49	p.80
	~とのことだ	29	p.52
	~とは限らない	93	p.146
な	~ないですか	53	p.88
	V-ない ではいられない	86	p.135
	~ないわけがない	87	p.140
	V なきゃ。	32	p.59
	V なきゃいけない	31	p.58

な	V なくちゃいけない	31	p.58
	～なさそうだ	5	p.20
	～なら	10	p.26
	A なら A なほど	57	p.93
	～ならいいのに	70	p.110
	～ならよかった	40	p.67
	N なんか①	66	p.106
	N なんか②	90	p.143
	～なんかじゃない	100	p.159
	A なんかない	100	p.159
	N なんて	90	p.144
に	N にかわって	45	p.76
	N にかわり	45	p.76
	～に決まっている	36	p.63
	N に対し	22	p.45
	N に対して	22	p.45
	N に対する	22	p.45
	～に違いない	110	p.169
	N について（は／も）	30	p.52
	N についての	30	p.52
	N につき	24	p.47
	N にとって（は／も）	56	p.91
	N によって①	21	p.45
	N によって②	58	p.94
	N によって③	83	p.130
	N による①	21	p.45
	N による②	58	p.94
	N による③	83	p.130
	N によると	28	p.51
	N によれば	28	p.51
ぬ	N ぬきで	112	p.171

の	N のことだから	98	p.152
	N のような	27	p.50
	N のように	27	p.50
は	～ばいいのに	70	p.110
	～ばかり	41	p.68
	～ばかりか	59	p.96
	～ばかりでなく…も	59	p.95
	V 始める	1	p.16
	～はず	61	p.97
	～はずがない	87	p.141
	～ば～ほど	57	p.93
	N1 はもちろん N2 も	43	p.74
	～ばよかった	40	p.67
へ	V べき	55	p.90
ほ	～ほか（は）ない	88	p.142
	～ほど	7	p.23
	～ほど…ない	44	p.74
	～ほど…はない	111	p.170
ま	V-ます、	48	p.79
	V ますと	62	p.102
	～ませんか	53	p.88
	～まま	47	p.78
み	N みたい	27	p.51
	～みたい①	39	p.66
	～みたい②	42	p.73
む	N 向き	82	p.130
	N 向け	82	p.129
も	～もので	65	p.105
	～ものですから	65	p.105
	～もんだから	65	p.105
	～もんで	65	p.105

よ	～ようだ	42	p.72
	～ようだったら	63	p.103
	～ようでしたら	63	p.103
	V-よう とする	17	p.37
	～ような	42	p.72
	～ようなら	63	p.103
	～ように	42	p.72
	V ように言う	2	p.17
ら	N らしい	106	p.164
	V られてしまう	20	p.39
わ	～わけがない	87	p.140
を	N を通じて①	26	p.49
	N を通じて②	52	p.87
	N を通して①	26	p.49
	N を通して②	52	p.87

유사 문형 리스트

문형	예문	레벨	번호	페이지
~うちに ① ~하는 동안에 ② ~하기 전에	今はまだ上手じゃなくても、練習を重ねるうちにできるようになるよ。	N3	68	p.108
	アイスクリームが溶けないうちに食べよう。	N3	81	p.129
~かと思う ① ~같기는 하다 ② ~인 줄 알다	今週はちょっと難しいですが、来週なら時間が取れるかと思います。	N3	67	p.106
	A：あの人、新しく来た課長さんよ。 B：え、本当!? 若そうだから、新入社員かと思ったよ。	N3	107	p.167
~じゃない ① ~인 거 아냐? ② ~잖아	A：山川さん、いないね…。 B：先に帰ったんじゃない?	N4		
	A：今度のクラス会、どこでする? B：レストランABK、広くて、交通の便もいいじゃない。あそこがいいよ。	N3	37	p.64
~そうだ ① ~일 것 같다 ② ~라고 한다	外は、寒そうです。	N4		
	留学生はこれから増えそうです。	N4		
	空が暗くなってきた。雨が降りそうです。	N4		
	動物園でパンダの赤ちゃんが生まれたそうです。	N4		
	このカレーはあまり辛くなさそうですね。	N3	5	p.20
~ため(に) ① ~을 위해 ② ~때문에	家族のために、一生けんめい働きます。	N4		
	雨のためにハイキングは中止になりました。	N3	23	p.46
~たりして ① ~하는 거 아냐? ② ~하기나 하고	A：佐藤さん、まだ来ないね。 B：もしかして寝てたりして…。	N3	34	p.61
	彼女、急に泣いたりして、どうしたんだろう?	N3	105	p.163
~って ① ~라고 (하는) ② ~해도 ③ ~은/는	A：今日、佐藤さんは休みですか。 B：ええ。さっき、電話で風邪をひいたって言ってました。	N4		
	さっき、上田さんって人が訪ねてきましたよ。お知り合いですか。	N3	11	p.31
	お金持ちだって、幸せじゃない人もいます。	N3	35	p.62
	山田さんって親切よね。	N3	38	p.65
~ていらっしゃる ① ~하고 계시다 ② ~이시다	小林先生はあちらで本を読んでいらっしゃいます。	N4		
	奥様は音楽の先生でいらっしゃいます。	N3	77	p.121

~てくる ① ~해 오다 ② ~하기 시작하다	申し込みのときに、身分証明書を持ってきてください。	N4	8	p.25
	朝から降っていた雨がやんで、ちょっと晴れてきた。	N3	64	p.104
~でしょうか ① ~입니까? ② ~일까요?	失礼ですが、どちら様でしょうか。	N4		
	山に登るとき、何か気をつけることがありますでしょうか。	N3	76	p.120
~と ① ~하면 ② ~하니	春になると、桜が咲きます。	N4		
	気がつくと、外はすっかり暗くなっていた。	N3	6	p.22
~という ① ~라는 ② ~라고 한다 ③ ~라고 하면	「礼状」はお礼の手紙という意味です。	N4		
	彼が有名な音楽家だということはあまり知られていない。	N3	3	p.18
	ニュースでは、今年は水不足の心配はないということです。	N3	29	p.52
	日本の花というと、桜がすぐ頭に浮かぶ。	N3	54	p.89
~ところ ① ~하려는 중 ② (마침) ~했을 때	今から友だちと出かけるところです。	N4		
	あくびしたところを写真に撮られたって、佐藤さん、怒ってたよ。	N3	49	p.80
~なら ~라면, ~한다면	サッカーのルールならわかるけど、野球のルールはぜんぜんわからない。	N4		
	台湾へ旅行に行くなら、11月がいちばんいいと思いますよ。	N3	10	p.26
~なんか ~같은 거, ~따위	こちらのセーターなんかいかがでしょう。今年の流行色ですよ。	N3	66	p.106
	テレビなんかなくても、パソコンがあれば困らない。	N3	90	p.143
	泣いてなんかいません。目にゴミが入っただけです。	N3	100	p.158
~による ① ~에 의한 ② ~에 의하면 ③ ~로 인한 ④ ~에 따라서	大学はアンケートによる満足度調査の結果を発表した。	N3	21	p.45
	今朝の天気予報によると、今週はずっと晴れるということです。	N3	28	p.51
	午前3時ごろ地震が発生しましたが、この地震による津波の心配はありません。	N3	58	p.94
	いろいろな人がいるのだから、人によって好みや考え方が違うのは当然だ。	N3	83	p.130
~ばいい ~하면 좋겠다	A：早く今の仕事が終わればいいね。 B：うん、ちょっと大変な仕事だからね。	N4		
	このバイト、もう少し時給が高ければいいのになあ。	N3	70	p.110

文型	例文	レベル	番号	ページ
～ばかり ① ~만, ~뿐 ② ~뿐만 아니라 ③ 막 ~한 참	最近雨ばかりで、洗濯物が乾かなくて困っています。	N3	41	p.68
	落語は最近、お年寄りばかりでなく若い女性にも人気が出てきた。	N3	59	p.95
	父は昨日退院したばかりなのに、今日から会社に出ている。	N3	69	p.109
～はず ~할 것이다	A：山田君、A社に資料送ってくれた？ B：はい、昨日速達で出しましたから、遅くても明日には着くはずです。	N3	61	p.97
	A：田中さん、海外転勤の話を断ったんだって。 B：えー！ずっと行きたがってたんだから、あの人が断るはずがないよ。	N3	87	p.141
～ほど ① ~정도, ~만큼 ② ~하면 ~할수록	富士山に登って下りてきたときは、もう一歩も歩けないほど疲れていた。	N3	7	p.23
	今年の冬は去年ほど寒くないですね。	N3	44	p.74
	言葉を勉強すればするほどその国への理解も深まると言われている。	N3	57	p.93
	A：佐藤先輩ってほんとにいい人だよね。 B：うん。私も佐藤先輩ほどやさしい人はいないと思う。	N3	111	p.170
～みたい ① ~처럼, ~와 같이 ② ~같다	ピアノみたいに大きくて重いものがあると、引っ越しが大変だね。	N3	27	p.51
	A：なんか疲れてるみたいだけど、仕事忙しいの？ B：そうじゃなくて、勤務地が変わって通勤が大変なんだ。	N3	39	p.66
	A：山田先生って、きびしいけど私たちのことほんとに心配してくれるよね。 B：そうそう、ちょっとお父さんみたい。	N3	42	p.73
～ようだ／ような／ように ① ~같다 ② ~와 같은 ③ ~할 것 같으면 ④ 마치 ~인 것처럼	A：教室の電気がついていますよ。 B：だれかいるようですね。	N4		
	インフルエンザのようなほかの人にうつる病気になったら、治るまで学校へ来てはいけないことになっています。	N3	27	p.50
	あのえんぴつのような形をしている建物は、電話会社のビルです。	N3	42	p.72
	A：すみません。仕事がまだ終わらなくて、ちょっと遅くなりそうなんです。 B：そうですか。じゃあ、6時過ぎるようなら先に行ってますね。	N3	63	p.103
	リンさんの部屋はまるで泥棒が入ったかのように散らかっている。	N3	80	p.128

문법	예문	레벨		
~ように ① ~하도록 (하다) ② ~하게 되다	約束の時間に遅れないように、早く家を出ました。	N4		
	A：健康のために、少し運動したほうがいいですよ。 B：じゃ、これから毎日１時間くらい歩くようにします。	N4		
	日本へ来たときは、なっとうが食べられませんでしたが、今は食べられるようになりました。	N4		
	日本へ来てから、自分で料理を作るようになりました。	N4		
	お母さんからも勉強するように言ってください。	N3	2	p.17
[의지형] V-よう + と ~하려고 하다	A：夏休みはどうするんですか。 B：私は国へ帰ろうと思っています。 C：私は沖縄へ旅行に行こうと思っています。	N4		
	生まれたばかりの馬の赤ちゃんが、一生けんめい立とうとしている。	N3	17	p.37
~らしい ① ~라는 것 같다 ② ~답다, ~다운	A：部長、この歌、最近若い人に人気があるらしいですよ。 B：ああ、最近よく聞くね。	N4		
	桜が咲いて春らしい季節になりました。	N3	106	p.164
~を通じて ／通して ① ~을 통하여 ② ~동안, ~내내	現在はインターネットを通して、すぐに世界中にニュースが広まる。	N3	26	p.49
	京都は１年を通じてたくさんの観光客が訪れる。	N3	52	p.87

N3 Can Do List

장	타이틀	できること	핵심 문법
1	初めての富士登山 첫 후지산 등반	●旅行などの初めての経験について、体験したことや考えたこと、感じたことが表現できる。 여행 등 처음 경험한 일에 대한 체험담이나 느낀 점을 말할 수 있다. ●旅行などの初めての経験について、体験したことや考えたこと、感じたことが表現できる。 여행 등 처음 경험한 일에 대한 체험담이나 느낀 점을 말할 수 있다.	1 登り始めた 2 持っていくように言われた 3 病気になる人もいるということ 4 大丈夫だろうと思った 5 大変じゃなさそうだった 6 登ってみると 7 立っているのもつらいほど 8 どんどん登っていく 9 登り続けた 10 上まで行きたいなら
2	ぼくの犬、クロ 내 강아지, 쿠로	●ペットや家族を簡単に紹介したり、自分との関係を説明したりすることができる。 반려동물이나 가족을 간단하게 소개하고, 자신과의 관계를 설명할 수 있다. ●ペットや家族との生活や、自分との関係を説明したりすることができる。 반려동물이나 나의 가족과의 생활에 대해 설명할 수 있다.	11 クロって名前 12 飼わせてもらった 13 約束させられた 14 散歩に行きたがって 15 玄関を出たとたん 16 全速力で走り出す 17 帰ろうとする 18 コンビニに寄ることもある 19 待たせておいて 20 顔中なめられてしまう
3	市民農園の募集 시민농원 모집	●参加者募集のお知らせを見て、申込方法などの内容が理解できる。 참가자 모집 공고를 보고, 신청 방법 등의 내용을 이해할 수 있다. ●イベントなどについて、経験者の感想や活動内容から、様子をイメージできる。 이벤트 등에 대해 경험자의 소감이나 활동 내용으로부터 상황을 상상할 수 있다.	21 インターネットによるお申し込み 22 100区画の募集に対して 23 希望者が多いため 24 1家族につき1区画 25 下記のとおりです 26 野菜作りを通して 27 パーティーのような楽しいイベント 28 利用されている方のお話によれば 29 楽しかったということです 30 農園の活動について詳しいことは

4	水泳大会 수영 대회	●個人的なことについて、確認しながら、友だちとおしゃべりができる。 개인적인 일에 대해 물어보면서 친구와 이야기할 수 있다. ●個人的なことについて、意見や感想を交えて、友だちとおしゃべりができる。 개인적인 일에 대해 의견이나 감상을 주고받으며 이야기할 수 있다.	31 毎日練習してるんだ 32 応援に行かなきゃ。 33 出るんだっけ 34 優勝したりして？ 35 がんばったって 36 無理に決まってるよ 37 行かなきゃだめじゃない 38 強い選手って 39 大変みたいだね 40 やっておけばよかった 41 遊んでばかりだった
5	手作りハムのレシピ 수제 햄 레시피	●レシピを読んで、どんな料理か理解できる。 레시피를 읽고 어떤 요리인지 이해할 수 있다. ●レシピを読んで、料理の手順や注意が理解できる。 레시피를 읽고 요리의 순서나 주의점을 이해할 수 있다.	42 本当のハムのように 43 サンドイッチはもちろん、ほかの料理にも 44 もも肉ほどあぶらが多くない 45 はちみつのかわりに 46 とりむね肉を切らずに 47 ビニール袋に入れたまま 48 ボウルに入れ、 49 ぶつとうしたところへ 50 2、3日で食べきってください
6	里山について 마을 숲에 대하여	●環境問題など、あるテーマについての発表で、問題提起と自分の意見が言える。 환경 문제 등 어떤 발표에서 문제 제기를 하고 자신의 의견을 말할 수 있다. ●環境問題など、あるテーマについて具体例から結論まで話し、全体としてまとまった発表ができる。 환경 등 어떤 테마에 대하여 구체적인 예부터 결론까지 이야기하고, 전체적으로 정리하며 발표할 수 있다.	51 自然のおかげで 52 四季を通じて 53 守りたいと思いませんか 54 自然保護という 55 そのまま残すべきだ 56 人にとっていい環境 57 木が育では育つほど 58 大雨による山崩れ 59 田舎ばかりでなく東京にも 60 里山へ行くたびに 61 すばらしさがわかるはずです

187

7	不動産屋で 부동산에서	●店員が説明するていねいな表現を理解し、受け答えができる。 점원의 정중한 설명을 이해하고 답할 수 있다.	62 そのご予算ですと 63 お時間があるようなら 64 人気が出てきたんです 65 借りたい人が増えているものですから 66 こちらなんかいかがですか 67 便利かと思いますが
		●友だちと、最近の変化について話したり、強くアドバイスをしたりすることができる。 친구와 최근의 변화에 대해서 이야기하거나 강하게 충고할 수 있다.	68 住んでいるうちに慣れる 69 卒業したばかりなんだから 70 見ればいいのに 71 見せてもらってもいいですか
8	就職の面接 취업 면접	●初対面の人に敬意を示す基本的な表現を使って、あいさつや受け答えができる。 초면인 사람에게 정중한 표현을 사용하여 인사나 대답을 할 수 있다.	72 ご紹介いただきました 73 お待ちしてました 74 来日前から存じ上げており 75 作品はお持ちですか 76 ご覧いただけますでしょうか 77 専門家でいらっしゃる 78 始めさせていただきます
9	お花見 꽃놀이 구경	●身近な話題について、個人的な考え方や感じ方を表現することができる。 친숙한 화제에 대해서 개인적인 생각이나 느낌을 표현할 수 있다.	79 花が咲いてからでなければ 80 雪が降っているかのように 81 花が残っているうちに 82 花見客向けに 83 人によってその楽しみ方はそれぞれだ
		●特にこだわりがあるものなどについて、自分の気持ちを表現することができる。 특별히 마음에 두고 있는 것에 대해서 자신의 기분을 표현할 수 있다.	84 仕事の最中に 85 やりかけの仕事 86 行かずにはいられなくなって

10	ゆきの選択 유키의 선택	●将来の展望について、自分の意見を強く主張することができる。 장래의 전망에 대해서 자신의 의견을 강하게 주장할 수 있다.	87 88 89 90 91 92 93	できる**わけがない** この仕事**しかない** 心配**しているからこそ** 演劇**なんか**しても 生活できっこない 大学を出た**からといって** 就職できる**とは限らない**
		●身近な人について、やや批判的に評価を言うことができる。 가까운 사람에 대해 다소 비판적으로 평가를 할 수 있다.	94 95 96 97 98	がんこな**ことといったら** 何も知らない**くせに** 子ども**っぽい**夢 お父さん**のせいですよ** ゆき**のことだから**
11	友だちのお見舞い 친구 병문안	●困った状況とそのときの心情について、具体的に説明したり表現したりすることができる。 곤란한 상황과 그때의 심정에 대해서 구체적으로 설명하거나 표현할 수 있다.	99 100 101 102 103 104 105 106	風邪気味で 寝てなんかいられない 起き上がる**ことさえ**できない 起き上がる**ことさえできないくらい**ひどい 服も脱ぎ**っぱなし** ごみ**だらけ**だし 弱気になっ**たりして** ゆき**らしくない**なあ
		●困った状況とそのときの心情について、具体的に説明したり表現したりすることができる。 곤란한 상황과 그때의 심정에 대해서 구체적으로 설명하거나 표현할 수 있다.	107 108 109 110 111 112 113	お母さん**かと思った** アイスクリーム**とかみかんとか** 買い物**のついでに** 何かあっ**たに違いない** これほどつらい風邪はひいたことない ゆきでは**できない**よ 練習したく**てしょうがない**

[저자 소개]

ＡＢＫ（公益財団法人 アジア学生文化協会）

ABK(공익재단법인 아시아학생문화협회)는 1957년 설립된 문화 교류 증진을 위한 공공 재단이며, 일본어 학교와 유학생 기숙사를 운영하고 있습니다. 아시아 학생들과 일본 청소년들의 공동체 생활을 통해 인류 화합 및 과학, 기술, 문화, 경제적 교류를 도모하며 아시아 친선과 세계 평화에 공헌하는 것을 목표로 하고 있습니다.

본교에서는 대학·대학원 진학, 전문학교 진학, 취업 등 학생이 나아가고자 하는 방향에 맞춰 일본어능력시험 혹은 일본유학시험에 대비할 수 있도록 하며, 실력 향상과 강화를 목표로 일본어 교육을 진행하고 있습니다.

집필자는 전원 ABK에서 일본어 교육에 종사하고 있는 교사입니다. 자매단체로 학교법인 ABK 학관 일본어 학교(ABK COLLEGE)도 있습니다.

감　수 : 町田恵子

집필자 : 服部まさ江・新穂由美子・成川しのぶ・藤田百子

협력자 : 新井直子・内田奈実・遠藤千鶴・大野純子・掛谷知子・勝尾秀和・亀山稔史・國府卓二・津村知美・萩本攝子・橋本由子・福田真紀・星野陽子・向井あけみ・森川尚子・森下明子・吉田菜穂子

번　역 : 이희승 (現 한국외국어대학교 일본어통번역학과 강사)
　　　　황윤실 (現 한국외국어대학교 일본어통번역학과 강사)

改訂版　TRY！日本語能力試験N3　文法から伸ばす日本語 © ABK 2014
Originally Published in Japan by ASK Publishing Co., Ltd., Tokyo

---

TRY! JLPT 일본어능력시험
N3

초판 1쇄 발행 2022년 2월 18일

지은이　ABK(公益財団法人 アジア学生文化協会)
펴낸곳　(주)에스제이더블유인터내셔널
펴낸이　양홍걸 이시원

홈페이지　www.siwonschool.com
주소　서울시 영등포구 국회대로74길 12 남중빌딩 시원스쿨
교재 구입 문의 02)2014-8151
고객센터 02)6409-0878

ISBN 979-11-6150-580-0
Number 1-311313-11119900-02

이 책은 저작권법에 따라 보호받는 저작물이므로 무단복제와 무단전재를 금합니다. 이 책 내용의 전부 또는 일부를 이용하려면 반드시 저작권자와 ㈜에스제이더블유인터내셔널의 서면 동의를 받아야 합니다.

TRY!
JLPT 일본어 N3
능력시험

초중급 문법으로 입 트이는 일본어

べっさつ

별책

やってみよう！・Check
정답

1 初めての富士登山

1
▶問題 p.17
1）始め
2）終わった
3）終わった

2
▶問題 p.18
1）遅刻しないように
2）パンを買ってくるように
3）（部屋を）片付けるように

3
▶問題 p.19
1）連絡
2）結果
3）うわさ
4）こと

4
▶問題 p.19
1）d
2）a
3）b
4）c

5
▶問題 p.20
1）インフルエンザじゃなさそう
2）まじめじゃなさそう
3）強くなさそう

▶問題 p.21
1）食べられ
2）来
3）運べ

Check
▶問題 p.21
1）始めた
2）ように言われた
3）だろうと思う
4）そうもない
5）なさそう
6）という

6
▶問題 p.23
1）ケーキがあった
2）12時だった
3）雪が降っていた

7
▶問題 p.24
1）説明が聞こえない
2）おなかが痛くなる
3）専門家でも答えられない

8
▶問題 p.25
1）きた
2）いったら
3）いこう

9
▶問題 p.26
1）走り

2）守り
3）見
4）働き

10

▶問題 p.26
1）行くなら
2）買うなら
3）押すと
4）急げば

Check
▶問題 p.27
 1）買い続ける
 2）買ってくる
 3）買っていく
 4）と
 5）なら
 6）ほど

2 ぼくの犬、クロ

12

▶問題 p.32
1）習わせて
2）直して
3）払って
4）取らせて

13

▶問題 p.33
1）待たされる
2）食べさせられた
3）読ませていただいた
4）運ばされて

14

▶問題 p.34
1）食べたい・行きたがる
2）こわがって
3）恥ずかしがらないで

15

▶問題 p.35
1）予約の電話がたくさんかかってきた
2）教室がうるさくなった
3）フリーズしてしまった

16

▶問題 p.36
1）d
2）c
3）a
4）b

Check
▶問題 p.36
 1）させてもらう
 2）させられた
 3）したがる
 4）したとたん
 5）し出した

17

▶問題 p.38
1）財布がなかった
2）思い出せないんです
3）転んでけがをした
4）宿題があったことを思い出した

18

▶問題 p.39
1）食べます
2）閉まっていることがある

3) 起きられない
4) 行く

20
▶問題 p.40
1) b
2) c
3) d
4) a

Check
▶問題 p.40
1) しようとしない
2) することもある
3) されてしまった

3 市民農園の募集

21
▶問題 p.45
1) による
2) によって
3) によって

22
▶問題 p.46
1) に対して
2) に対する
3) に対して

23
▶問題 p.47
1) b
2) a
3) d
4) c

25
▶問題 p.48
1) とおりに
2) なら
3) ように・とおりに

Check
▶問題 p.48
1) のとおりに
2) によって
3) に対して
4) のために
5) につき

27
▶問題 p.50
1) 牛や馬
2) 東京
3) ベッド
4) トンカツ

28
▶問題 p.51
1) によれば
2) によって
3) によれば

29
▶問題 p.52
1) c
2) d
3) a
4) b

30
▶問題 p.53
1) について
2) についての

3）について
4）に対して

Check 📖
▶問題 p.53
1）について
2）のような
3）によれば
4）を通じて
5）ということです

4 水泳大会(すいえい)

31
▶問題 p.58
1）読んでおいて
2）調べておかなければ
3）やっていない
4）出さなければ

32
▶問題 p.59
1）いけない
2）どうですか
3）ください

33
▶問題 p.60
1）っけ・よ
2）っけ
3）よ・っけ
4）っけ

Check 📖
▶問題 p.61
1）っけ
2）たりして
3）しなきゃ

35
▶問題 p.63
1）便利だって
2）なくたって
3）よくたって
4）したって

36
▶問題 p.64
1）に決まっている
2）ことがあります
3）に決まっている

37
▶問題 p.65
1）a
2）a
3）b

39
▶問題 p.66
1）d
2）c
3）b
4）a

40
▶問題 p.67
1）b
2）a
3）b

41
▶問題 p.68
1）c
2）a
3）d
4）b

Check 📖
▶問題 p.69
1) に決まってる
2) 買ったって
3) 頼めば
4) して
5) みたい
6) じゃない

Check 📖
▶問題 p.76
1) ほど
2) かわりに
3) もちろん
4) ように

5 手作りハムのレシピ

42
▶問題 p.73
1) ように
2) ような
3) ように
4) ような

43
▶問題 p.74
1) c
2) d
3) b
4) a

44
▶問題 p.75
1) b
2) c
3) d
4) a

45
▶問題 p.76
1) b
2) c
3) a
4) d

46
▶問題 p.78
1) d
2) c
3) b
4) a

47
▶問題 p.79
1) 入れたまま
2) さして
3) 読んで
4) つけたまま

48
▶問題 p.79
1) 入れ
2) 降り
3) 専攻し／専攻され

49
▶問題 p.81
1) c
2) d
3) b
4) a

50
▶問題 p.82
1) きれない
2) きる
3) きれない

4）きれる

Check
▶問題 p.82
1）読まずに
2）見きれない
3）持ったまま

6 里山（さとやま）について

51
▶問題 p.87
1）送っていただいた
2）禁煙（きんえん）した
3）おかげで
4）ため

53
▶問題 p.88
1）a
2）a
3）a
4）a
5）b

54
▶問題 p.90　※예시 답안
1）富士山（ふじさん）
2）すし
3）サッカー

55
▶問題 p.91
1）a
2）a
3）b

56
▶問題 p.91
1）にとって
2）にとって
3）に対（たい）する
4）について

▶問題 p.92
1）は
2）にとっては

Check
▶問題 p.92
1）おかげで
2）といえば
3）べきです
4）にとって
5）んじゃないですか

57
▶問題 p.94
1）d
2）c
3）b
4）a

58
▶問題 p.95
1）c
2）d
3）a
4）b

59
▶問題 p.96
1）b
2）d
3）a

4) c

60
▶問題 p.97
1) たびに
2) とき
3) たびに

61
▶問題 p.98
1) b
2) d
3) c
4) a

Check
▶問題 p.98
1) ばかりでなく
2) たびに
3) によって
4) ほど
5) はず

7 不動産屋で

62
▶問題 p.103
1) c
2) d
3) b
4) a

63
▶問題 p.104
1) a
2) c
3) b
4) d

65
▶問題 p.105
1) c
2) a
3) b

Check
▶問題 p.107
1) と
2) なんか
3) ものですから
4) ようなら

68
▶問題 p.109
1) d
2) a
3) b
4) c

69
▶問題 p.110
1) c
2) b
3) d
4) a

70
▶問題 p.111
1) c
2) a
3) b
4) d

71
▶問題 p.112
1) 食べても
2) 見てもらっても
3) 取ってもらっても

4）借りても

Check
▶問題 p.112
1）持ってもらってもいい
2）休めばいいのに
3）やっているうちに

8 就職の面接

72
▶問題 p.117
1）c
2）a
3）d
4）b

74
▶問題 p.119
1）かけます
2）いただいて・ちょうだいします
3）ご存知ですか・かかります・存じ上げません

75
▶問題 p.120
1）b
2）d
3）a
4）c

76
▶問題 p.121
1）かかりますでしょうか
2）貸していただけますでしょうか
3）ご紹介いただけませんでしょうか
4）大丈夫でしょうか

77
▶問題 p.121
1）いらっしゃいます・おります
2）ございます・いらっしゃる
3）いらっしゃいます・おります

78
▶問題 p.122
1）させて
2）して
3）して
4）使わせて

Check
▶問題 p.123
1
1）お目にかかれて
2）ちょうだいして
3）お目にかけたい
4）存じ上げて

2
1）ましょうか
2）ますでしょうか
3）お集まりいただき
4）ご講演くださる・ご活躍です
5）紹介させて

9 お花見

79
▶問題 p.128
1）してからでなければ
2）してから
3）治ってからでないと
4）してから

81

▶問題 p.129

1）出かけている
2）忘れない
3）覚えている

83

▶問題 p.131

1）d
2）a
3）b
4）e
5）c

Check 📖
▶問題 p.132
1）向け
2）からでないと
3）うちに
4）によって

84

▶問題 p.134

1）途中
2）最中
3）間
4）最中
5）うち

85

▶問題 p.134

1）食べかけの
2）言いかけて
3）書きかけた

Check 📖
▶問題 p.136
1）数えている最中に
2）吸いかけの

3）話さずにはいられない

10 ゆきの選択

87

▶問題 p.141

1）安い
2）登れる
3）覚えられる
4）売れない

88

▶問題 p.142

1）c
2）d
3）a
4）b

89

▶問題 p.143

1）c
2）a
3）d
4）b

90

▶問題 p.144

1）d
2）c
3）a
4）b

91

▶問題 p.145

1）食べない・食べっこない
2）できない・できっこない
3）行かない・行きっこない

4) 行けない・行けっこない

92
▶問題 p.146
1) 終わった
2) かわいい
3) ひまだ
4) 下がった

93
▶問題 p.146
1) とは限らない
2) に決まっている
3) に決まっている
4) とは限らない

Check
▶問題 p.147
1) しかない
2) っこない
3) わけがない
4) とは限らない
5) からこそ
6) からといって
7) なんか

95
▶問題 p.150
1) くせに・のに
2) くせに・のに
3) のくせに・なのに
4) くせに・のに

96
▶問題 p.150
1) 白
2) 学生
3) 手作り
4) 薬

97
▶問題 p.152
1) a
2) c
3) d
4) b

98
▶問題 p.153
1) c
2) a
3) d
4) b

Check
▶問題 p.153
1) っぽい
2) せいで
3) ことだから
4) くせに

11 友だちのお見舞い

99
▶問題 p.158
1) っぽい
2) 気味だ
3) っぽい
4) 気味だった

100
▶問題 p.159
1) d
2) c
3) a
4) b

101
▶問題 p.160
1) さえ・~~も~~
2) さえ・~~も~~
3) ~~さえ~~・も
4) ~~さえ~~・も　さえ・~~も~~
5) さえ・も

102
▶問題 p.161
1) b
2) c
3) d
4) a

103
▶問題 p.162
1) c
2) b
3) d
4) a

104
▶問題 p.163
1) c
2) d
3) b
4) a

106
▶問題 p.164
1) らしい
2) らしくない
3) らしくない

Check
▶問題 p.165
1) らしく

2) 気味
3) さえ
4) だらけ
5) くらい
6) っぱなし
7) なんか

107
▶問題 p.167
1) 合格できてよかった
2) かばんの中に入っていた
3) すごくいい天気になった
4) もう1つ残っていた

108
▶問題 p.168
1) カレーライス・スパゲティ
2) 富士山・桜
3) 映画を見る・好きな音楽を聞く
4) お皿を並べる・いすを運ぶ

109
▶問題 p.169
1) b
2) c
3) d
4) a

111
▶問題 p.171
1) b
2) d
3) c
4) a

113
▶問題 p.172
1) おなかがすいて

2）暑くて
3）はらが立って
4）不安で

Check
▶問題 p.173
1）ぬきで
2）ほど
3）とか
4）ついでに
5）に違いない
6）かと思った
7）しょうがない

まとめの問題
정답・스크립트

1 初めての富士登山

▶問題 p.28

問題1
| 1 | 3 | | 2 | 1 | | 3 | 4 | | 4 | 2 |
| 5 | 3 | | 6 | 1 | | 7 | 2 | | 8 | 1 |

問題2
1　2　（1→3→**2**→4）
2　1　（4→2→**1**→3）
3　1　（3→2→**1**→4）

問題3
| 1 | 1 | | 2 | 3 | | 3 | 3 | | 4 | 1 |

問題4
1
1　1　🔊 04

女の人が話しています。今の季節はいつですか。

> F：昨年オープンしたこちらのショッピングセンターでは、これまでいろいろなイベントを行ってきました。夏には浴衣のファッションショーを開いたり、クリスマスにはフィンランドからサンタクロースを呼んだりしたそうです。そして今日は、桜の花の形をしたクッキーを配っていました。おいしいと評判の店のクッキーが無料というお知らせを聞いて、たくさんのお客さんが集まり、配り始めるとすぐになくなってしまったそうです。

今の季節はいつですか。

② 4 🔊05

女の人と男の人が話しています。女の人はこのあと何をしますか。

> F：課長、さっき部長からお電話があって、事故で電車が遅れていて、打ち合わせの時間に間に合いそうにないとおっしゃっていました。
> M：そう。じゃあ、打ち合わせの時間を変更しようか。会議室の予約を確認して、ほかのメンバーに連絡してください。
> F：はい。確認しましたが、会議室はこの時間しか使えないそうです。
> M：じゃあ、予定通り始めることにしよう。部長に連絡を入れておいてください。
> F：はい、わかりました。

女の人はこのあと何をしますか。

2

① 1 🔊06

> M：え!? コート着ないで行くの?
> F：1 うん、あまり寒くなさそうだから。
> 　　2 うん、寒くなりそうだから。
> 　　3 うん、寒くなったじゃない。

2 ぼくの犬、クロ

▶問題 p.41

問題1

① 2　② 2　③ 1　④ 3
⑤ 2　⑥ 4　⑦ 1　⑧ 3

問題2

① 3　(2→4→**3**→1)
② 2　(4→3→**2**→1)
③ 3　(2→1→**3**→4)

問題3

① 4　② 2　③ 3　④ 1

問題4

① 2 🔊09

教室で先生と学生が話しています。学生はどうして休み時間に教室から飛び出したのですか。

> F：あれ？ どうしてみんな卵、持ってるの？
> M：休み時間に買ってきたんです。先生、今日は学校の前のスーパー、卵が88円なんですよ。
> F：へぇ、それでみんなベルが鳴ったとたんに教室から飛び出していったのね。どうしたのかと思った。88円は安いね。私もあとで買いに行こうかな。
> M：じゃ、これどうぞ。2つ買ってきましたから。
> F：え？ いいの？ ありがとう。

学生はどうして休み時間に教室から飛び出したのですか。

② 2 🔊10

女の人と男の人が話しています。男の人はどうして疲れていますか。

> F：佐藤さん、どうしたんですか。お疲れのようですね。
> M：ゆうべ、課長に飲みに誘われてさ…。
> F：え、2人で飲みに行ったんですか？ 何か注意されたとか？
> M：いや、そうじゃなくて、課長、機嫌がよかったみたいで「飲め、飲め」って次から次へと…。
> F：へえ。
> M：ぼくも酒は嫌いじゃないからいいんだけど…同じ話を何回も聞かされて、大変だったんだよ。
> F：そんなのまじめに聞かないで、勝手に言わせておけばいいんですよ。

男の人はどうして疲れていますか。

③ 4 🔊 11

男の人と女の人が話しています。女の人が子どものときしたくなかったことは何ですか。

M：ねえ、子どものときご両親はきびしかった？
F：そうね、きびしかったかなあ。でも、いろいろやらせてくれたけどね。
M：へえ、例えば？
F：ピアノとかバレエとか、お茶とか。
M：えっ、お茶、習ってたの!?
F：うん。でも水泳も習わされてさ…。
M：へえ、そうなんだ。

女の人が子どものときしたくなかったことは何ですか。

③ 市民農園の募集

▶問題 p.54

問題1
① 2　② 3　③ 1　④ 1
⑤ 4　⑥ 2　⑦ 4　⑧ 2
⑨ 2

問題2
① 2　(3→1→2→4)
② 1　(3→2→1→4)
③ 4　(2→1→4→3)

問題3
① 1　② 2　③ 3　④ 3

問題4
1
① 4　🔊 14

男の人が話しています。男の人は野菜作りをして何がいちばんよかったと言っていますか。

M：野菜作りは本当にいいですよ。農園に来て作業をすることによって、仕事のストレスも解消できますしね。最初は何もわからなかったんですが、初心者には、野菜の育て方を、親切に教えてくれるんです。言われたとおりに育てたら、トマトとナスがたくさんとれたんですよ。でも、いちばんうれしいのは体の調子ですね。前とぜんぜん違うんです。土を触って体を動かすのがいいんでしょうかね。これにはちょっとおどろいています。

男の人は野菜作りをして何がいちばんよかったと言っていますか。

② 3　🔊 15

駅で、男の人と女の人がアナウンスを聞いています。女の人は、電車が止まったことに対してどう思っていますか。

M1：お客様にお知らせします。電車の下から猫の鳴き声がするため、電車を止めて調べています。申し訳ありませんが、少々お待ちください。
M2：あーあ、これじゃあ、時間どおりに着かないね。困ったなあ。遅刻だよ。
M1：お客様にお知らせします。ただ今電車の下の機械に乗っている子猫が見つかりました。
M2：本当に迷惑な話だよね。
F：でも、子猫じゃしょうがないよ。猫にけががなくてよかったんじゃない？

女の人は、電車が止まったことに対してどう思っていますか。

2
② 2　🔊 16

美容院で写真を見せて、カットを頼みます。何と言いますか。

F：1　この写真、見てもいいですか。
　　2　この写真のようにしてください。
　　3　この写真、お願いします。

4 水泳大会

▶問題 p.70

問題1
① 4　② 2　③ 2　④ 1
⑤ 3　⑥ 1　⑦ 2

問題2
① 1　(2→4→1→3)
② 2　(4→1→2→3)
③ 4　(3→1→4→2)

問題3
① 3　🔊19

M：先週中止になったイベント、今週やることになってたっけ。
F：1　え？ イベントやったの？
　　2　うん、先週だったの。
　　3　ううん、来週やるって。

② 1　🔊20

M：田中さん、まだかなあ。
F：1　今日のこと、忘れてたりして。
　　2　今日のこと、忘れたら？
　　3　今日のこと、忘れなくちゃ。

③ 2　🔊21

M：明日までにレポート書かなきゃ。
F：1　レポート書けて、よかったね。
　　2　じゃあ、今日は大変ね。
　　3　え？ もう書いちゃったの？

④ 1　🔊22

F：この本、どうする？
M：1　そこに置いといて。
　　2　そこに置いてあるよ。
　　3　そこに置いたっけ。

⑤ 3　🔊23

M：先週行った映画、何ていうタイトルだったっけ。
F：1　ぜんぜん見てないじゃない。
　　2　知らないじゃない。
　　3　え、忘れちゃったの？

5 手作りハムのレシピ

▶問題 p.83

問題1
① 1　② 2　③ 4　④ 2
⑤ 1　⑥ 1　⑦ 1　⑧ 3
⑨ 2

問題2
① 3　(4→1→3→2)
② 1　(3→2→1→4)
③ 1　(4→3→1→2)
④ 1　(4→2→1→3)

問題3
① 2　② 1　③ 4　④ 3

問題4
1
① 1　🔊26

男子学生と女子学生が話しています。男子学生はなぜ女子学生にケーキをあげたのですか。

M：木村さん。明日出す宿題、もう終わった？
F：うん。どうして？
M：実はちょっとわからないところがあって…。見せてもらえないかなあ。
F：また？ しょうがないなあ。
M：いつも悪いね。そのかわりっていうか…これ、よかったら。
F：わあ。これ駅前の新しいケーキ屋さんのでしょ。いいの？ うれしい！

M：よかった。この前食べたいって言ってたから。

男子学生はなぜ女子学生にケーキをあげたのですか。

2

|1| 2 🔊 27

F：ひどいせきだね。会社休めば？
M：1　じゃあ、薬飲んだほうがいいよ。
　　2　休むほどじゃないよ。
　　3　お大事に。

|2| 3 🔊 28

F：あ、窓、閉めないでそのままにしておいてくれる？
M：1　じゃあ、すぐ閉めるね。
　　2　じゃあ、開けないよ。
　　3　うん、わかった。

|3| 1 🔊 29

M：そんなにたくさん注文したら食べきれないんじゃない？
F：1　えー、大丈夫だよ。
　　2　じゃ、注文しようよ。
　　3　うん、全部食べたよ。

|4| 3 🔊 30

F：このいちご、大きさがばらばらじゃない。
M：1　うん、そのかわり大きかったんだ。
　　2　うん、そのかわり高かったんだ。
　　3　うん、そのかわり安かったんだ。

6 里山について

▶問題 p.99

問題1

|1| 1　|2| 3　|3| 2　|4| 1
|5| 2　|6| 1　|7| 1　|8| 3

問題2

|1| 2　（1→3→**2**→4）
|2| 3　（2→4→**3**→1）
|3| 3　（4→1→**3**→2）
|4| 2　（4→3→**2**→1）

問題3

|1| 1　|2| 2　|3| 4　|4| 3

問題4

|1| 2 🔊 33

F：お体の具合はいかがですか。
M：1　おかげさまで、早く終わりました。
　　2　おかげさまで、すっかり元気になりました。
　　3　おかげさまで、とてもおいしかったです。

|2| 2 🔊 34

M：あーあ、あんなこと言うべきじゃなかったかなあ。
F：1　うん、言わなかったんじゃない？
　　2　これから気をつけるよ。
　　3　でも、言ってよかったと思うよ。

|3| 2 🔊 35

M：遅いですね。山本さんは絶対来るはずなんですが…。
F：1　じゃ、すぐ来てください。
　　2　じゃ、もう少し待ちましょう。
　　3　絶対来てよかったですね。

|4| 1 🔊 36

F：予定が変わったらすぐ連絡するべきだったんじゃない？
M：1　はい、これから気をつけます。
　　2　はい、すぐ連絡してよかったです。
　　3　じゃあ、お願いします。

5 **1** 🔊 **37**

M：手伝おうか？　一人じゃ大変じゃない？
F：1　いえ、大丈夫です。
　　2　はい、手伝いますよ。
　　3　はい、おかげさまで。

6 **3** 🔊 **38**

F：こちらのお部屋はいかがですか。
M：1　もっと安い部屋がいいですか。
　　2　そんな安い部屋はありませんよ。
　　3　もっと安い部屋、ありませんか。

7 不動産屋で

▶問題 p.113

問題1

| 1 | **2** | 2 | **1** | 3 | **4** | 4 | **1** |
| 5 | **1** | 6 | **3** | 7 | **2** |

問題2

1　**3**　（4→1→**3**→2）
2　**2**　（3→1→**2**→4）
3　**2**　（1→4→**2**→3）

問題3

| 1 | **1** | 2 | **4** | 3 | **3** | 4 | **1** |

問題4

1　**3**　🔊 **41**

F：ちょっと待ってもらってもいい？
M：1　はい、待ってもらってもいいです。
　　2　はい、待ってください。
　　3　あ、忙しいようなら、またあとで来ます。

2　**1**　🔊 **42**

M：今日のご注文ですと、あさってのお届けになりますが…。
F：1　はい、お願いします。
　　2　はい、お届けいたします。
　　3　はい、ご注文です。

3　**1**　🔊 **43**

M：食事、行かない？
F：1　ごめん、さっき食べたばかりなんだ。
　　2　うん、いつも食べてばかりなんだ。
　　3　うん、食べるもんだから…。

8 就職の面接

▶問題 p.124

問題1

| 1 | **4** | 2 | **1** | 3 | **2** | 4 | **1** |
| 5 | **4** |

問題2

1　**1**　（2→4→**1**→3）
2　**2**　（3→4→**2**→1）
3　**3**　（2→4→**3**→1）

問題3

3

問題4

1　**1**　🔊 **45**

M：やあ、渡辺君。久しぶり。元気だった？
F：1　はい、先生もお元気でいらっしゃいますか。
　　2　はい、先生もたぶん元気でしょう。
　　3　はい、先生も元気になりますか。

2　**2**　🔊 **46**

M：何か身分を証明するものはお持ちでしょうか。
F：1　はい、お持ちです。
　　2　すみません。何も持っていません。
　　3　いいえ、お持ちじゃありません。

3 3 🔊 47

F：失礼ですが、どこかでお目にかかりましたか。
M：1　はい、失礼ですか。
　　2　はい、ぜひお目にかかりたいです。
　　3　はい、先月のパーティーで。

9 お花見

▶問題 p.137

問題1
| 1 | 4 | 2 | 3 | 3 | 1 | 4 | 2 |
| 5 | 3 | 6 | 1 | 7 | 2 |

問題2
1 3 （2→4→**3**→1）
2 1 （2→4→**1**→3）
3 1 （2→3→**1**→4）

問題3
1 1 2 3 3 2 4 1
5 4 6 1

問題4
1

1 2 🔊 50

女の人と男の人が話しています。

F：えっ、また本買ってきたの？
M：うん、これ新しく出たんだ。おもしろそうだから。
F：読みかけのが何冊もあるのに。
M：これは絶対最後まで読むよ。
F：この前もそんなこと言ってたじゃない。また読み終わらないうちに、新しいのを買ってくるに決まってる。

女の人は男の人がどうすると思っていますか。
1　買ってきた本を最後まで読むと思っている
2　買ってきた本を最後まで読まないと思っている
3　読みかけの本を最後まで読むと思っている
4　新しい本を買わないと思っている

2 3 🔊 51

女の人が部長と話しています。

F：部長、失礼します。
M：上田君、どうしたの？
F：あの、すみません、えーと…あさってしめ切りの書類の件なんですが…。
M：ああ、先週頼んだあれね。もうできた？
F：あ、いえ、その…このところ忙しくて、まだやりかけでして…。データを整理してからでなければ書けないんですが、実はあさって、出張が入ってしまいまして…。
M：君にとっては難しい書類じゃないだろう？出張は朝から？
F：いえ、あの、午後からなんですけど。
M：じゃあ、午前中に出しておいてくれればいいから。
F：は、はい、でも…。
M：じゃ、がんばって。期待しているよ。
F：はい…。

女の人は部長のところへ何を言いたくて来ましたか。
1　書類ができたこと
2　データを整理してから、書類を書くということ
3　書類のしめ切りをのばしてほしいということ
4　あさって出張すること

2

3 🔊 52

雨が降りそうです。何と言いますか。

M：1　雨が降ったら早く行こう。
　　2　雨が降っているから早く行こう。

3　雨が降らないうちに早く行こう。

10 ゆきの選択

▶問題 p.154

問題1
|1| 4　　|2| 1　　|3| 2　　|4| 3
|5| 1　　|6| 2　　|7| 1　　|8| 1

問題2
|1| 1　（3→2→**1**→4）
|2| 2　（1→3→**2**→4）
|3| 3　（4→2→**3**→1）
|4| 4　（3→1→**4**→2）

問題3
|1| 4　　|2| 2　　|3| 3　　|4| 1

問題4

1

|1| 1　🔊 55

頭が痛いので早く帰りたいです。何と言いますか。

M：1　早く帰らせていただけませんか。
　　2　早く帰っていただけませんか。
　　3　早く帰らせていただきましょう。

2

|1| 1　🔊 56

F：先生、最近せきが止まらないんです。きっとインフルエンザだと思うんです。
M：1　インフルエンザとは限りませんよ。
　　2　インフルエンザでしょう？
　　3　せきが止まらないと思いますよ。

|2| 1　🔊 57

M：準備が終わったところに雨が降ってきて、お祭り、中止になったんだ。
F：1　それは残念だったね。
　　2　お祭り、楽しかった？
　　3　早く準備したほうがいいね。

|3| 3　🔊 58

F：この服、デザイン古いし、もう捨てるしかないかなあ。
M：1　うん、捨てっこないよ。
　　2　うん、捨てるとは限らないよ。
　　3　うん、捨ててもいいんじゃない？

11 友だちのお見舞い

▶問題 p.174

問題1
|1| 4　　|2| 3　　|3| 2　　|4| 1
|5| 4　　|6| 4　　|7| 2　　|8| 1
|9| 2

問題2
|1| 3　（1→4→**3**→2）
|2| 2　（4→1→**2**→3）
|3| 3　（2→1→**3**→4）

問題3

1

|1| 1　🔊 61

女の人と男の人が話しています。女の人はこのあと何をしなければなりませんか。

F：どうしたんですか。朝から山岡さんの電話、鳴りっぱなしですね。
M：実は新商品に問題があって、今からお客さんのところへ謝りに行かなくちゃいけないんだ。
F：何か手伝いましょうか。
M：ありがとう。帰ってきてからお願いするよ。
F：わかりました。じゃ、会議の資料をコピーしに行ってきます。
M：じゃ、悪いけど、ついでにこれもコピー

しておいてくれる？
F：わかりました。

女の人はこのあと何をしなければなりませんか。

2

[1] **1** 🔊 62

F：エアコンつけっぱなしだよ。
M：1　あ、消すの、忘れてた。
　　2　あ、もう消えたようだね。
　　3　あ、消えそうだよ。

[2] **2** 🔊 63

M：最近ちょっと疲れ気味で…。
F：1　じゃあ、休むね。
　　2　少し休んだほうがいいよ。
　　3　うん、休んでもいい？

[3] **3** 🔊 64

F：泥だらけじゃない。どうしたの？
M：1　違うよ。泥だらけだよ。
　　2　早くシャワー浴びてよ。
　　3　今そこで転んじゃったんだ。

ASK Publishing과
독점 라이선스

TRY!

트라이 시리즈가 드디어!
라이선스 교재로 새롭게 한국에 상륙했습니다!
이제 TRY 시리즈로 JLPT와 회화 모두 TRY하세요!